Hans Domnick Traumstraße der Welt

Hans Domnick

TRAUM STRASSE DER WELT

Auf der Panamericana durch Nord- und Südamerika

List Verlag München
Süddeutscher Verlag München

Text: Hans Gerhard Meyer

1975 · 67. Tausend · ISBN 3-471-77312-6

Repros: Colortechnik, München
Druck: Karl Wenschow GmbH, München
Bindearbeit: R. Oldenbourg, München

Verzeichnis der Abbildungen

Aufbruch zur »Traumstraße der Welt«

Am Anfang war die Idee!

Aber wie kommt es gerade zu einer solchen Idee: Eine Straße entlangfahren zu wollen, die von einem Polarkreis zum anderen durch den gesamten amerikanischen Doppelkontinent führt, und diese Straße zum thematischen Inhalt eines Farbfilms und eines Bildbandes machen zu wollen?

Man könnte es fast einen Zufall nennen, wenn es nicht so zwangsläufig gewesen wäre, daß eines Tages, während meine Frau und ich über die meilenweiten Straßen des sonnigen Kaliforniens fuhren, wir uns bewußt wurden, daß diese Straße ja erst endet, wenn sie nach Tausenden von Kilometern die Regionen des arktischen Kreises und Eises im Norden erreicht und daß sie auch zum Süden hin weiterläuft bis unter die Sonne des Äquators und fast bis zum Feuerland. Die Straße, auf der wir da fuhren, das war die Straße beider Amerika, des nördlichen und des südlichen Kontinents, die Panamerikanische Straße, die längste und wohl faszinierendste Straße der Welt. Denn was alles liegt an ihrem Rande, was alles überbrückt, verbindet, durchmißt sie!

Die einsame Gletscherwelt Alaskas, die ungewöhnlichen Bergkulissen der Rocky Mountains in Kanada, die kochenden Wasser der Geiserfontänen und das brodelnde Erdreich im Wunderland des Yellowstone, die phantastische Welt der roten Steinskulpturen im Bryce Canyon, das atemberaubende Landschaftsdrama des Grand Canyons. Oder die großen Tempelanlagen der alten Azteken- und Mayakulturen in Mexiko, die Vulkangebirge Mittelamerikas, die Urwaldströme Venezuelas, die tropische Pflanzenwelt Kolumbiens und Ecuadors, die ausgebrannte Küstenwüste und die Hochebene von Peru mit der einstigen Königsstadt Cuzco, Mittelpunkt des alten Inkareiches. Oder der blaugrün schimmernde, 4000 Meter hoch gelegene Titicacasee an der Grenze nach Bolivien, die zerklüftete Steilküste von Chile, die unermeßliche Pampa Argentiniens und schließlich das größte und farbigste Land Südamerikas, Brasilien. Welch ein Kaleidoskop der Menschen und Landschaften!

Liegt das nicht alles am Rande dieser Straße, die Menschen unserer Zeit gebaut hatten, Ingenieure und Arbeiter, und zeichnete diese Straße nicht den Weg nach, den die Entwicklung dieses Kontinents einmal genommen hatte, nicht nur seit Jahrtausenden der Menschheits-, sondern seit Jahrmillionen der Erdgeschichte? Und mußte man nicht das Erlebnis, das diesen Kontinent, seinen Norden und seinen Süden, so unvergeßlich machte, dadurch am besten einfangen können, daß man der Spur dieser Straße folgte?

So entstand die Idee zur »Traumstraße der Welt«. Sie war erregend und faszinierend für uns: Den gewaltigen amerikanischen Doppelkontinent mit dem Auto zu durchqueren — von Alaska bis zum Feuerland und hinauf bis in das Herz Brasiliens durch alle Klimazonen unserer Erde! Was für eine abenteuerliche Reise für zwei Menschen, nur begleitet von den Film- und Fotokameras, um allen denen das Erlebnis Amerika zu vermitteln, die die ungewöhnliche Vielfältigkeit der Natur und ihre großen Wunder, die gewaltigen Bauten untergegangener Kulturen oder die ultramodernen Städte Südamerikas nicht unmittelbar erleben konnten.

Über drei Jahre waren wir mit unserem Wagen in Nord- und Südamerika unterwegs, ein dreiviertel Jahr davon benötigten wir für die Aufnahmen von Alaska bis Mexiko — dem ersten Teil der »Traumstraße der Welt« —, und zweieinhalb Jahre für den zweiten Teil: Südamerika. Für die Zusammenfassung beider Teile haben wir im vergangenen Jahr noch das kurze Mittelstück — von Guatemala bis Panama — gefilmt, um unter dem Titel »Panamericana — Traumstraße der Welt« die gesamte Panamerikanische Straße in ihrer Länge von rund 25 000 Kilometern durch den amerikanischen Doppelkontinent in dem zweistündigen Cinemascope-Farbfilm darzustellen. Diesem Film folgt jetzt der vorliegende Bildband über die Panamericana durch Nord- und Südamerika.

Straßen sind indessen nicht nur Verbindungen zwischen geographischen Punkten. Straßen sind Lebensadern. Sie erschließen Landschaften und können Schicksale ganzer Völker bestimmen — wie die königlichen Inka-Straßen, die die Voraussetzung für die Schaffung des großen Inka-Reiches bildeten und später dessen Untergang herbeiführten. So konnte es nicht unsere Absicht sein, unbeirrt nur der Fahrbahn der Panamericana zu folgen. Wer von ihr berichten will, wer die Schicksale wecken will, deren Stätten sie berührt, oder die Natur zeigen will, durch die sie verläuft, der muß Land, Volk und Geschichte sehen, in die die Straße unlösbar eingebettet ist.

Aus diesem Grunde haben wir unendlich viele Fahrten zur Erkundung und Motivsuche in den einzelnen Ländern durchgeführt. Wetter, Klima und jahreszeitliche Bedingungen zwangen uns oft zu mehrmaligen Anfahrten weit entlegener Motive, um dann unter den besten Licht- und Wolkenbedingungen unsere Film- und Fotoaufnahmen zu machen. So kam für unsere Expedition in Nord-, Mittel- und Südamerika eine Gesamtstrecke von 120 000 gefahrenen Kilometern zusammen.

Natürlich spielte dabei die Frage des Aufnahmewagens eine ebenso entscheidende Rolle, wie die Auswahl unserer Aufnahmeapparaturen. Für den ersten Teil von Alaska bis Mexiko wählten wir einen »Station-Car« (Kombiwagen), der genügend Platz hatte für die aluminiumverkleideten Spezialkoffer der beiden 35-mm-Arriflex-Kameras mit neun Objektiven vom breitesten Weitwinkel bis zum längsten Teleobjektiv und den Cinemascope-Vorsatzlinsen.

Dazu Filmkassetten-Koffer, zwei Stative mit Kreiselschwenkkopf, Batterien und das übrige Zubehör. Ferner 3 Rolleiflex-Fotokameras im 6×6-cm-Format mit Zeiss-Objektiven unterschiedlicher Brennweiten und eine Hasselblad-Kamera. Schließlich das Eastman-Color-Negativ-Material für die Filmkameras in Thermosbehältern zu je 3000 Metern und das Fotomaterial Ektachrome und Verichrome von Kodak.

Die einzige fahrtechnisch schwierige Strecke auf diesem nördlichen Abschnitt der Panamerikanischen Straße war der Alaska-Highway, dessen Bau im Jahre 1942 als eine der größten Pioniertaten des Zweiten Weltkrieges in die Geschichte unserer Zeit eingegangen ist. Als wir auf diesem Alaska-Highway fuhren, war die Straßendecke noch überwiegend in dem ursprünglichen Zustand einfacher Schotterung. Aber nicht der enorme Reifenverschleiß auf dem scharfkantigen Steingeröll, nicht das Rutschen des Wagens in engen Kehren auf losem Untergrund machte uns die meisten Sorgen, sondern die — wenn auch nur selten am Tage — entgegenkommenden Last- und Tankwagen, deren breite Doppelräder die Schottersteine hoch aufwirbelten und sie gegen die Scheiben unseres Wagens schleuderten, die wir mit aufgeklebter Plexifolie zu schützen versucht hatten. Aber im Laufe der 5000 Kilometer Hin- und Rückfahrt erhielten sie immer mehr und mehr Einschläge und große Risse. Die letzte heile Scheibe drückte uns dann noch ein Bär im Yellowstone-Park ein, der durch das Fenster kletterte und alle eßbaren Vorräte vertilgte, während er mit seinen blutenden Tatzen, die er sich beim Einstieg durch die zerbrochene Fensterscheibe geholt hatte, unbekümmert über unsere wertvollen Kamerakoffer hinwegstieg. In Salt Lake-City haben wir dann den Wagen rundherum neu verglasen lassen.

Der erste Teil unserer Reise bis hinunter an die Südgrenze Mexikos stellte keine größeren Probleme mehr dar. Nach 9 Monaten Drehzeit kehrten wir zu unserem Ausgangspunkt Los Angeles wieder zurück.

Weit schwieriger indessen gestaltete sich der zweite Teil unseres Films, die Aufnahmen in Südamerika: Heißes tropisches Klima in den feucht-schwülen Ebenen unter der Äquatorsonne oder eiskalte Stürme auf Gebirgspässen in über 4500 Meter Höhe waren neben den Staubstraßen und durchfurchten Wegen auf unserer zweieinhalbjährigen Fahrt durch den südamerikanischen Kontinent die größten Probleme für uns, unseren Wagen, unsere Aufnahmeapparaturen und nicht zuletzt für unser Filmmaterial.

Wir waren mit all diesen Problemen vertraut, bevor wir wiederum von Los Angeles aus mit den Vorbereitungen zum zweiten Teil unserer Expedition begannen. Zu allererst hatten wir ein robustes, absolut zuverlässiges und dabei leicht und weich fahrendes Auto mit aufklappbarem Verdeck auszuwählen. Robust mußte der Wagen wegen der Strapazen sein, die ihm auf dieser Reise bevorstanden. Das aufklappbare Verdeck war unentbehrlich, um frei und in jeder Richtung aus dem fahrenden Wagen heraus filmen zu können.

So kristallisierte sich nach eingehenden Testfahrten ein Wagen heraus, dem jedermann das Rassepferd, niemand aber den Lastgaul ansah, der wirklich in ihm steckte: Ein elfenbeinweißes Buick-Electra-Kabriolett mit allen Schikanen an Automatik in Karosserie und Fahrgestell, 350 PS unter der Haube, mit verstellbarer Spezialfederung und Sperrdifferential, mit Klimaanlage und Panzerplatte unter Motor und Getriebe und einem Alarmsystem, dessen aufheulende Sirenen achtmal im Laufe unserer Südamerikafahrt die Diebe vertrieben haben, die unseren Wagen mitsamt den kostbaren Aufnahmeapparaturen zu entführen versuchten.

So gingen wir, gut ausgerüstet und mit exakten Drehplänen für die einzelnen Länder versehen, auf die große Reise nach Südamerika. Mit dem Schiff fuhren wir und der Wagen über die Karibische See nach Venezuela als erstem Land, in dem wir vier Monate — manchmal bei 40 Grad im Schatten — drehten und fotografierten. Etwa 1200 Meter belichtetes Filmmaterial wurde trotz höchster Sorgfalt durch den Einfluß der Hitze und tropischer Feuchtigkeit unbrauchbar. Wir wiederholten teilweise die Aufnahmen und sandten dann immer das jeweils belichtete Filmmaterial sofort auf schnellstem Luftwege an das Geyer-Kopierwerk nach Westberlin.

Den größten Schrecken auf unserer ganzen Reise erlebten wir, als wir den Wagen per Frachtschiff nach Rio de Janeiro weiterverluden, während wir selbst mit dem Flugzeug vorwegflogen. Bei der Ankunft des Dampfers in Rio wurde die Ausladung mit dem Hinweis verweigert, daß die Schiffsbehörde in Venezuela den Wagen nach der argentinischen Hafenstadt Buenos Aires beordert hatte, um allen Zollkomplikationen mit Brasilien auf einfachste Weise aus dem Wege zu gehen. Wir alarmierten die deutsche Botschaft, diese wiederum die brasilianischen Behörden, aber den Wettlauf mit der Zeit hatten wir verloren. Am Abend sahen wir das Schiff mit unserem Wagen und den Aufnahmegeräten an Bord in Richtung Süden abdampfen. Die Nacht ließ uns nicht schlafen. Wir nahmen am nächsten Morgen das erste Flugzeug nach Santos, dem letzten Anlegeplatz des Dampfers in Brasilien, verhandelten stundenlang mit den brasilianischen Zollbehörden, die sich schließlich in letzter Minute erweichen ließen, gegen eine Kaution von 8000 Dollar den Wagen von Bord zu lassen.

Diese und viele andere aufregende Abenteuer erlebten wir auf unserer großen Reise durch Südamerika längs der »Straße des Traumes«, die sich oftmals als Straße rauhester Wirklichkeit erwies. Der Wagen rollte dabei über gewundene Kehren schmalster Bergpfade der Hochanden, an steilen Felsenwänden zerrissener Küsten vorbei oder über Schottermassen gottverlassener Steinwüsten, auf denen die Panamericana auf dem südlichen Kontinent manchmal noch nichts weiter ist als eine von Waschbrettriefen durchzogene, kaum kenntliche Fahrspur. Er stieg mehrfach in den Kordilleren auf Paßhöhen über 4000 Meter in einer verlorenen Bergwelt hinauf oder wühlte sich durch verschlammte Wegstrecken im Urwalddschungel.

Doch das alles liegt hinter uns. Unvergeßlich aber werden die großen Eindrücke und Erlebnisse bleiben, die wir im Film und Bild darzustellen versuchten, um einen Abglanz jener Schönheit und Größe aufleuchten zu lassen, die über den unvergänglichen Werken der Natur und jenen Werken von Menschenhand liegen, aus denen die Jahrtausende zu uns sprechen.

Die Geschichte einer Straße: Die Panamericana

Die Straßen der Erde sind so alt wie die Menschen selbst — von der Spur von Hütte zu Hütte, vom Paßweg und von den Trampelpfaden der Karawanen bis zu den endlosen Straßen, auf denen ganze Völker aus dem Dunkel der Geschichte heraus die Kontinente durchzogen haben.

Auch an den Straßen Amerikas läßt sich die Geschichte seiner Völker ablesen. So betraten am Ausgang der letzten Eiszeit, also vor etwa 20 000 bis 25 000 Jahren, Völkerstämme aus dem Inneren Asiens das amerikanische Festland. Sie drangen über die damals noch feste Landbrücke an der Beringstraße vor und wanderten über Tausende von Kilometern, durch kalte, gemäßigte und heiße Zonen, durch Wüsten und Wälder, über Ströme und endlose Ebenen.

Jahrtausende muß es gedauert haben, bis die eingewanderten Völkerscharen den riesigen Doppelkontinent besiedelt hatten, bis schließlich Ruhe eintrat in diese Wanderung, bis die stärksten Stämme lebensfähige Bedingungen gefunden hatten.

In den ersten Jahrhunderten unserer Zeitrechnung bildeten die seßhaft gewordenen Völkerstämme große Reiche: In der Mitte des Kontinents die Reiche der Azteken und Mayas mit ihren großen Tempelstädten und im Süden das weitausgedehnte Reich der Inkas. Diese Völker lebten in wohlgeordneten Staatswesen und entwickelten hohe Kulturen, lange bevor ein weißer Mann den Fuß auf den Boden Amerikas gesetzt hatte.

Denn Europa entdeckte diesen Kontinent erst vor rund 500 Jahren, als Kolumbus auf der Suche nach einem neuen Seeweg nach Indien den Atlantik überquerte und auf die Inseln vor der Ostküste Amerikas stieß. Im Glauben, Indien erreicht zu haben, nannte er die Menschen, die er dort antraf, »Indios«.

Auf die Kunde von der Entdeckung neuer Schatzkammern jenseits des Atlantiks starteten waffenklirrende Expeditionen von der Iberischen Halbinsel aus in die unbekannte »Neue Welt«. Vom Dämon des Abenteuers und vom Goldfieber gepackt, landete der Spanier Hernando Cortez 1520 auf dem mittelamerikanischen Festland, drang mit seinen Söldnern bis zur Hauptstadt der Azteken vor und zertrümmerte ihr Reich in der Blüte seiner Kultur.

Wenig später stieß der Spanier Francisco Pizarro mit einer Handvoll Abenteurer über die schmale Landenge von Panama bis zum Pazifischen Ozean vor, brach in das große Reich der Inkas ein und überwältigte es in dem größten Abenteuer, das die Weltgeschichte kennt.

Unaufhörlich lief nun Schiff auf Schiff von der Iberischen Halbinsel aus, Wind und Strömung trieben sie meist an die Küsten Südamerikas, dessen Schätze sie nach Europa brachten und dessen riesige Landfläche die Spanier und Portugiesen unter sich aufteilten.

In Nordamerika folgten den Spaniern Franzosen, Engländer, Deutsche, Holländer und andere Europäer. Diese Pioniere durchdrangen den Kontinent von Ost nach West, in gleicher Richtung wurden auch die ersten Eisenbahnen und Straßen durch das unermeßlich weite Land gezogen. Südamerika wurde von den Spaniern und Portugiesen nur an seinen Küsten besiedelt, seine einzelnen Länder blieben bis zum Beginn unseres Jahrhunderts ohne nennenswerte Verbindungen zu den Nachbarländern.

Noch fehlte indessen die große Verbindungsstraße aller amerikanischen Staaten untereinander, bis im Jahre 1923 auf der 5. Interamerikanischen Konferenz in Santiago der damals phantastisch anmutende Plan entstand, eine Straße zu bauen, die den Doppelkontinent und seine Länder von Norden nach Süden durchziehen und alle amerikanischen Straßen miteinander verbinden sollte: Die Panamerikanische Straße.

In der Präambel zur Resolution heißt es: »Diese Straße soll die Staaten und Völker Amerikas miteinander verbinden. Sie soll aber nicht nur Handelsweg für Waren und Güter sein, sondern auch der Idee des allgemeinen Friedens und der gemeinsamen friedlichen Ziele der Völker dienen.«

Den ersten Meilenstein in der Geschichte der Panamericana bildet die Gründung des ständigen Panamerikanischen Hochstraßenkongresses (1925), der von nun an im Rahmen der Panamerikanischen Union konkrete Pläne zum Bau der Straße durch den Doppelkontinent ausarbeitet. 1929 einigt sich die Konferenz auf den ersten Generalplan. Man entschließt sich, daß jeder Staat seinen Teil der Panamericana zu bauen hat. Für kleinere und finanzschwächere Länder soll nach Mitteln und Wegen gesucht werden, ihnen den Bau mit ausländischer Finanzhilfe zu ermöglichen.

Zu diesem Zeitpunkt hatten die Vereinigten Staaten bereits damit begonnen, im Zuge des vorzüglichen, hochmodernen Straßensystems, das ihr Land bereits in allen Richtungen durchzog, auch ergänzende Teilstrecken der Panamericana zu bauen. In einigen Bundesländern der USA werden Parallelstraßen erforderlich, besonders in den Staaten an der Westküste. Eine zweite Straßenader wird von New York aus bis an die Grenze Mexikos in das Panamerikanische Straßensystem miteinbezogen.

Andere Länder rangen indessen noch mit technischen und finanziellen Schwierigkeiten. Gebirge waren zu umgehen, Wüsten zu durchqueren, Flüsse zu überbrücken in Gebieten, die über Hunderte von Quadratkilometern unbesiedelt waren.

Im Hinblick auf diese geographischen Schwierigkeiten des Geländes und die hohen Kosten sind die Fortschritte, die in den Jahren 1930 bis 1940 erzielt wurden, bewundernswert. Während in Europa der Zweite Weltkrieg tobte, wurden in Mexiko und in den anderen mittelamerikanischen Ländern, durch die die Panamericana führt, 62 Prozent der Trasse bereits asphaltiert oder als Allwetterstraße vollendet. In Südamerika waren zu dieser Zeit bereits 8000 km fertiggestellt.

Wenn auch der Verlauf der neuen Straße das Ergebnis vielschichtiger Berechnungen und Untersuchungen ist, wenn vorher auch Geologen, Physiker, Meteorologen und Ingenieure ausgezogen waren, um das Projekt unter allen nur erdenklichen Gesichtspunkten zu prüfen, so ist es doch erstaunlich, wie weitgehend die modernen Wissenschaftler und Techniker zu den gleichen Ergebnissen kamen, zu denen offenbar die allein ihrem Instinkt vertrauenden Völker vor Jahrtausenden schon gelangt waren. Auch die neuen Straßen in Amerika folgen vielfach den Wegen, die seine Ureinwohner vor vielen tausend Jahren gezogen sind und später als ihre ersten Straßen auch befestigt hatten.

So haben die Inkas, die das Rad entweder nicht kannten oder nicht nutzten und die als Transporttier nur das Lama in Anspruch nahmen, in ihrem Reich das beste Straßensystem ihrer Zeit errichtet. Königliche Straßen in Jahrhunderten, in denen es in Europa außer einigen von Heeren befestigten Landstraßen nur Pfade, Karrenwege und Viehtriften gab. Königliche Straßen, die gepflegt und bewacht wurden und die vielfach schnurgerade gezogen waren, so daß zwei Punkte, die sie miteinander verbanden, auf schnellstem Wege zu erreichen waren.

Die königlichen Inkastraßen waren etwa acht Meter breit und hatten, indem sie das Gebiet der heutigen Staaten Peru und Ecuador und weite Teile von Bolivien, Chile, Argentinien und Kolumbien durchzogen, eine Gesamtausdehnung von etwa 16 000 Kilometern. Bewundernd hatte der deutsche Forscher Alexander von Humboldt dieses Straßennetz als »das erstaunlichste und nützlichste Projekt« bezeichnet, »das der Mensch bis zur damaligen Zeit durchgeführt hatte«.

Zwar blieb das Inkareich in seiner Ausdehnung beträchtlich hinter dem römischen Reich zurück und erreichte auch bei weitem nicht dessen Straßennetz von rund 80 000 Kilometern durch drei Kontinente. Der Bau der königlichen Straßen um die Jahrtausendwende bleibt dennoch eine erstaunliche Leistung. Denn die Inkas hatten nicht — wie die Römer — Fahrzeuge und Pferde. Ihr Straßennetz diente auch nicht den Bewohnern des Landes, sondern allein der zentralisierten, äußerst straff organisierten Staatsmacht. Nur wer im offiziellen Auftrag des Staates und seiner Herrscher stand, durfte die Königsstraßen benutzen. Sie dienten ausschließlich den Beamten, dem Heer und den Läufern. Diese Boten besorgten die Nachrichtenübermittlung und übernahmen auch kleinere Transporte, wobei sie in 5 bis 7 Tagen über 2000 Kilometer (von Quito nach Cuzco) zurückgelegt haben sollen.

Die Läufer der Inkas, die man Chaqui nannte, waren auf allen Poststraßen über das ganze Land verteilt. Sie wohnten in kleinen Rasthäusern, einer Art Staffettenstationen, und hatten jeweils eine Strecke von 3000 Metern zurückzulegen. Die Stationen waren in der Regel doppelt oder dreifach besetzt, wobei ein Chaqui vor der Station zu wachen und in beiden Richtungen Ausschau nach einem ankommenden Boten zu halten hatte. Kam ein Läufer in bunter Tracht in Sicht, so lief er ihm entgegen und dann so lange neben ihm her, bis dieser ihm seine mündliche Botschaft übermittelt und ihm eine Knotenschnur überreicht hatte. Diese kunstvoll geknüpfte bunte Schnur war die indianische Art der Schrift und ermöglichte den Inkas die Übermittlung erstaunlich genauer Zahlen- und Datenangaben und sonstiger Botschaften.

1531 betraten Pizarros Truppen, von der Landenge von Panama entlang der pazifischen Küste kommend, zum ersten Male die Königsstraßen der Inkas, die nun zur wichtigsten Voraussetzung für das rasche Vordringen der Spanier und die Eroberung des großen Inkareiches wurde. Danach setzte ein rascher Verfall dieser Straßen ein, da die Räder der schweren Ochsenkarren und die Pferdehufe eine ganz andere Beanspruchung bedeuteten als die Sandalen der Indios oder die weichen Hufe der Lamas.

Wie schon in alten Zeiten immer wieder Heerstraßen angelegt wurden, verdanken auch in der Gegenwart viele Straßen ihre Entstehung kriegerischen Notwendigkeiten. So wurde die Panamerikanische Autostraße in ihrem nördlichsten Abschnitt zunächst aus rein militärischen Gründen gebaut.

Die Geschichte dieser Straße beginnt am 9. März 1942, um Mitternacht, als in Dunkelheit und schneidender Kälte ein Trupp Soldaten aus einem Zuge sprang, der dampfumhüllt in das dünne Licht des verschneiten Bahnhofs Dawson Creek in Kanada eingelaufen war. Das war die erste Gruppe der amerikanischen Pioniereinheiten, die quer durch die Wildnis jene 1500 Meilen lange Straße zu schlagen hatten, die das bis dahin zu Lande unzugängliche Alaska mit dem Mutterlande, den Vereinigten Staaten, verbinden sollte. Schon am folgenden Tage pflanzten die gleichen Soldaten in Fort John, 50 Meilen nördlich von Dawson Creek, das erste Schild in den Erdboden, einen Richtungspfeil, der in schwarzen Druckbuchstaben die Aufschrift trug: »Fairbanks 1459 Meilen«.

Das war der Startpunkt der Strecke und zugleich die kürzeste Formel für das Programm, dessen Größe wahrscheinlich kaum einer von denen ahnte, die in der schneeverhüllten Landschaft vor diesem prophetischen Pfosten standen.

So begann der Bau der Alaskastraße. Amerika fühlte sich damals bedroht. Zum erstenmal waren sich die Vereinigten Staaten jenes riesigen, düsteren Landkomplexes bewußt geworden, der wie ein schützendes Dach nach Norden zu über dem Gebiet der Staaten liegt und den gesamten amerikanischen Kontinent gleichsam gegen die Eiswüsten der Arktis abschirmt. Zum erstenmal erkannte man, daß dieses in Fels, Einsamkeit und Urwald gepanzerte Niemandsland zu einer drohenden Gefahr werden konnte.

Denn konnte nicht der Feind, der soeben mit dem Überfall auf Pearl Harbour einen dröhnenden Schlag geführt hatte, mit überraschendem Zugriff auch in der unermeßlichen und unverteidigten Wildnis Fuß fassen, konnte er dort nicht ungestört Stützpunkte für seine Bomberstaffeln errichten und durch das »Loch im Dach« in das Haus der Vereinigten Staaten einbrechen?

Schon waren die ersten Angriffe gegen die Alëuten-Inseln vorgetragen worden. Hier galt kein Zögern. Amerika brauchte eine Leiter in das Dachgeschoß des Kontinents. Diese Leiter war die Alaskastraße.

Schon 1923 war der Bau dieser Strecke erwogen worden, ein Plan, der nahezu zwanzig Jahre lang in Schreibtischen und Aktenschränken gemodert hatte. Jetzt wurde er unter Not und Zwang des Krieges im knappen Zeitraum eines Frühlings, eines Sommers und des beginnenden Herbstes Wirklichkeit.

Acht Monate, nachdem jener Pfosten in Fort John errichtet war, hatte sich die stählerne Schlange aus Räumpflügen, Raupenschleppern, Baggern und Kippladern mit beißenden, hackenden, mahlenden, reißenden Zähnen und Kinnladen aus Schaufeln und Greifern durch mehr als zweitausend Kilometer weg- und stegloser Wildnis gefressen. Träge und unerbittlich hatte sie sich durch Sumpf und Urwald, über Flüsse und Felsen gewälzt und eine breite Bahn festgestampfter Erde hinter sich gelassen. Mit ihr war die Heerschar der Bauarbeiter durch ein Land gezogen, das kaum je zuvor von Menschen betreten war: Handwerker, Kaufleute, Studenten, Lehrer und Farmer, alles Soldaten eines Landes, das seine Existenz verteidigte. Sie arbeiteten zehn und elf Stunden am Tage und sieben Tage in der Woche. Sie kämpften sich bei 50 Grad Kälte über vereiste Flüsse und durch meterhohe Schneewälle. Sie durchquerten in stechender Sommerhitze die schwärenden Sümpfe, umsurrt und gemartert von Moskitoschwärmen.

Über der Schlange aus Menschen und Maschinen dröhnten die Flugzeuge, die mit den glitzernden Linsenaugen der Luftbildkameras das Gelände erkundeten, es fotogrammetrisch vermaßen und der vorstoßenden, durch die Wildnis brechenden Schlange den Weg wiesen. Nie kamen die fliegenden Vermessungstrupps dem stählernen Ungeheuer weiter als nur wenige Kilometer voraus.

So wurde die Alaskastraße gebaut. Heute noch auf über 2500 Kilometer Länge die einzige Straße, die das Land im hohen Norden durchquert, die Nabelschnur, die Alaska mit der Welt verbindet. Sie ist im hohen Norden des Kontinents, im Herzen Alaskas ansetzend, Anfang und erster Teilabschnitt der Panamerikanischen Straße, die über Dawson Creek und Edmonton in südlicher und südöstlicher Richtung Kanada durchläuft und bei Sweet Crass wieder auf das amerikanische Staatsgebiet gelangt. Unter Einbeziehung bestehender Straßen berührt sie das vulkanische Gebiet von Yellowstone und die Schluchten des Grand Canyon und erreicht in Mexiko als »Carretera Interamericana« — so wird die Panamerikanische Autostraße in Mexiko und Mittelamerika offiziell genannt — die Hauptstadt Mexiko-City in 2265 Meter Höhe. Die Mannigfaltigkeit von Klima, Vegetation und Oberflächengestaltung, die Verquickung alter Traditionen mit den modernsten technischen Errungenschaften machen die Interamerikanische Straße nicht nur in Mexiko, sondern in den mittelamerikanischen Staaten Guate-

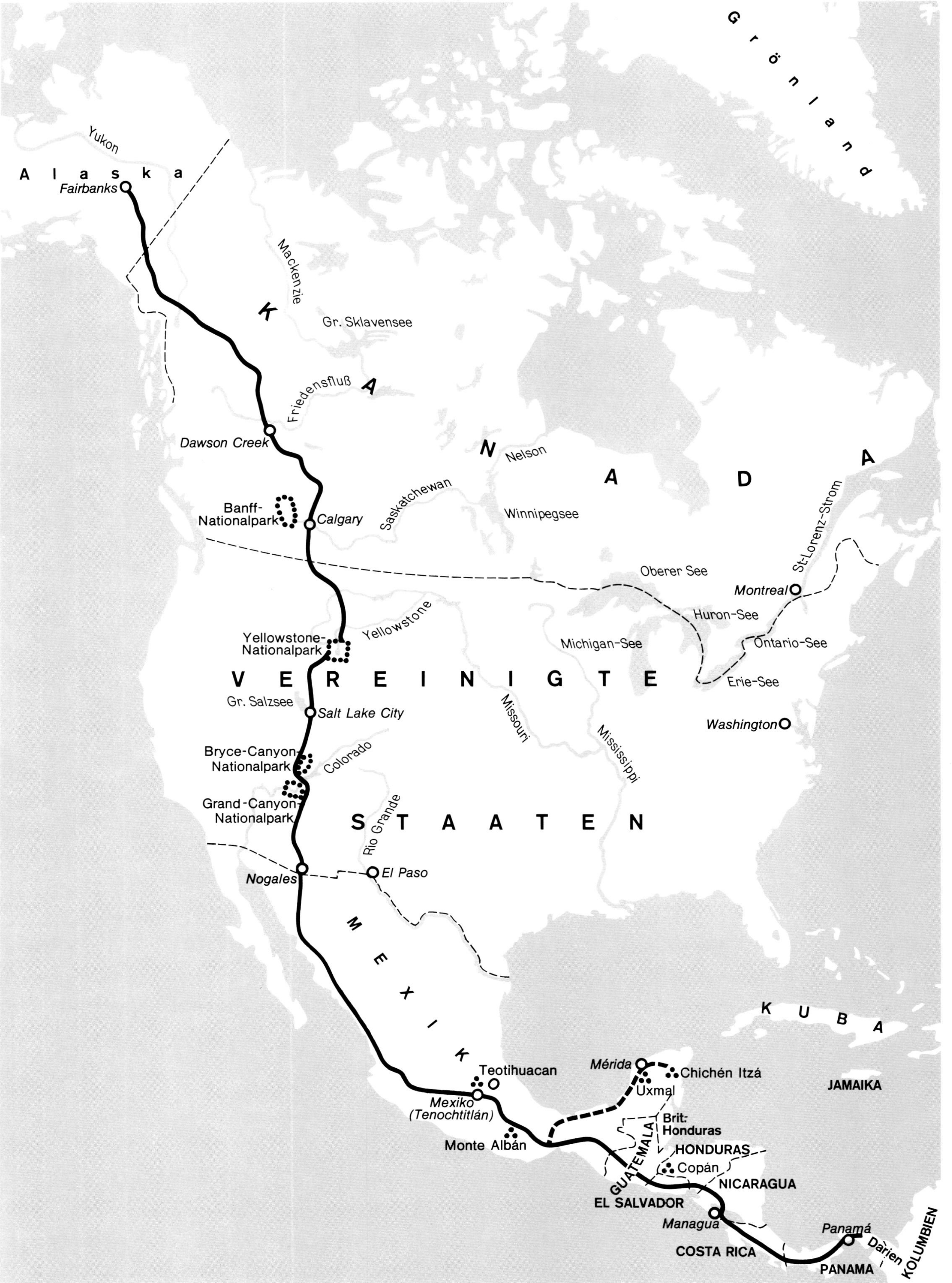

Grönland
Yukon
Alaska
Fairbanks
Mackenzie
KANADA
Gr. Sklavensee
Friedensfluß
Dawson Creek
Nelson
Saskatchewan
Banff-Nationalpark
Calgary
Winnipegsee
St-Lorenz-Strom
Oberer See
Montreal
Huron-See
Yellowstone
Yellowstone-Nationalpark
Michigan-See
Ontario-See
VEREINIGTE STAATEN
Erie-See
Gr. Salzsee
Salt Lake City
Missouri
Mississippi
Washington
Bryce-Canyon-Nationalpark
Colorado
Grand-Canyon-Nationalpark
Rio Grande
Nogales
El Paso
MEXIKO
KUBA
Teotihuacan
Mérida
Chichén Itzá
Uxmal
JAMAIKA
Mexiko (Tenochtitlán)
Brit. Honduras
Monte Albán
GUATEMALA
HONDURAS
Copán
NICARAGUA
EL SALVADOR
Managua
Panamá
Darien
KOLUMBIEN
COSTA RICA
PANAMA

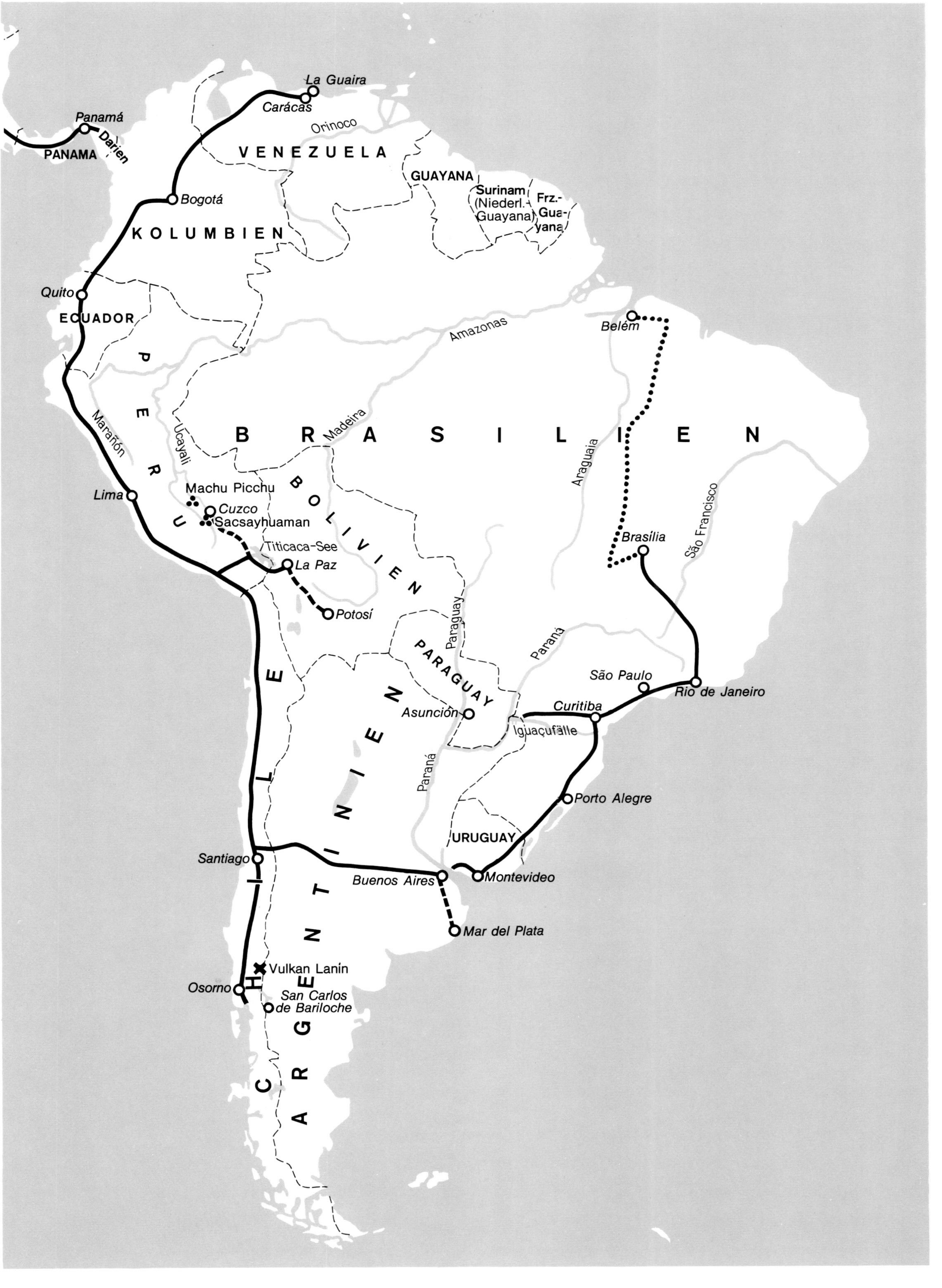

La Guaira
Carácas
Panamá
Darien
PANAMA
Orinoco
VENEZUELA
GUAYANA
Surinam (Niederl.-Guayana)
Frz.-Guayana
Bogotá
KOLUMBIEN
Quito
ECUADOR
Amazonas
Belém
PERU
Marañón
Ucayali
BRASILIEN
Madeira
Araguaia
São Francisco
Lima
Machu Picchu
Cuzco
Sacsayhuaman
BOLIVIEN
Brasília
Titicaca-See
La Paz
Potosí
Paraguay
PARAGUAY
Paraná
São Paulo
Rio de Janeiro
Curitiba
Asunción
Iguaçufälle
CHILE
ARGENTINIEN
Paraná
Porto Alegre
URUGUAY
Santiago
Buenos Aires
Montevideo
Mar del Plata
Vulkan Lanín
Osorno
San Carlos de Bariloche

mala, El Salvador, Honduras, Nicaragua, Costa Rica und Panama besonders abwechslungsreich und interessant.

Hinter dem Panamakanal ist die Straße durch die grüne Tropenlandschaft nur noch bis Chepo (etwa 60 Kilometer) ausgebaut. Hier beginnt das schwierigste Stück des ganzen Projektes, der Weg durch die heißen Urwaldsümpfe des Darien, eines der regenreichsten Gebiete der Erde. Die technischen Schwierigkeiten verdoppeln sich, da die Autostraße nicht nur durch die tropischen Regenwälder Panamas, sondern auch durch das fast unüberbrückbare Sumpfgebiet des Rio Atrato in Kolumbien geführt und an der Grenze verbunden werden muß. Diese noch klaffende Lücke von 600 Kilometern Länge, deren Überbrückung noch nicht abzusehen ist, kann zur Zeit nur durch Umschiffung überwunden werden. Der Absprung von Panama nach Südamerika zur Fortsetzung der Panamericana führt daher heute noch über das Meer, durch die Karibische See bis in die Hafenstadt La Guaira in Venezuela.

Von hier aus windet sie sich im raschen Anstieg zu der 912 Meter über dem Meer gelegenen Hauptstadt Caracas hinauf, durchbricht in westlicher Richtung die Ausläufer der Anden und führt durch tropische Urwälder in das Tal des Maracaïbo-Sees. Noch einmal klettert sie über die Anden und überschreitet in Kolumbien die »Cordillera Oriental« und die »Cordillera Central« in Höhen bis zu 4000 Metern, erreicht die Hauptstadt Bogotá und schließlich die Grenze nach Ecuador. Hier durchkreuzt die Panamericana von Norden nach Süden eine Reihe von Hochtälern der beiden Kordilleren, wo etwa 20 Kilometer südlich des Äquators und fast 3000 Meter über dem Meeresspiegel die Hauptstadt Quito liegt.

In Peru folgt die Straße in südlicher Richtung der pazifischen Küste durch die »Wüste der ewigen Trockenheit«. Erst an der Abzweigung nach Bolivien wendet sie sich ins Landesinnere, in die Hochtäler der Anden, wo sie am südwestlichen Ufer des Titicacasees vorbei nach der 4000 Meter hoch gelegenen Hauptstadt La Paz führt.

In Chile läuft die Panamericana Hunderte von Kilometern durch die Atacama-Wüste, tritt dann in das fruchtbare Längstal zwischen Pazifik und Kordilleren ein und wendet sich etwa 80 Kilometer nördlich von der Hauptstadt Santiago nach Argentinien. Von der Hauptstadt Buenos Aires wird der Anschluß der Fernstraße im angrenzenden Uruguay durch den Fährdienst über die La Plata-Mündung erreicht.

Die Panamericana mündet schließlich in Brasilien und stößt hier auf São Paulo, Rio de Janeiro und die neue Hauptstadt Brasilia.
Damit hat das größte Straßenprojekt der Erde, der Bau der Panamericana, ihr vorläufiges Ende gefunden. Das Ziel der Resolution von Santiago ist erreicht: Wie ein Band der Zusammengehörigkeit aller amerikanischen Nationen durchzieht heute die längste Straße der Welt den Doppelkontinent und offenbart gleichzeitig wie ein großer Querschnitt die Geschichte Amerikas, die Geschichte seiner Erde, seiner Länder und seiner Völker.

Traumstraße der Welt

Hunderttausende von Quadratkilometern Wald und Wildnis, das ist *Alaska,* über dessen nördlichen Gebieten monatelang die Dämmerung der Mitternachtssonne liegt, während am Himmel die züngelnden Flammenspiele des Nordlichts flackern. Land, gegen dessen eisverklammerte Küsten das Polarmeer und das Beringmeer schlagen, das aber zum Süden hin von den Wellen des Pazifischen Ozeans umspült wird, gegen den es wie ein Bollwerk eines der wildesten Bergmassive der Welt aufgetürmt hat. Hier recken noch einmal die letzten Ausläufer der Rocky Mountains ihre schroffen, wild zerrissenen Grate und eisumhüllten Gipfel bis in die Höhen von mehr als 5000 Metern. Fast bis an ihren Fuß sind oftmals diese Bergriesen in den Panzer des ewigen Eises gehüllt, das sich in den Tälern zu gewaltigen Gletscherfeldern staut. Mächtige Gletscherströme pressen unaufhörlich ihre Eismassen zwischen den Bergflanken bis in die Ebenen hinab, ja selbst bis in den Pazifik hinein, wo sie in Blöcke zerfallen, ins Meer stürzen und als Eisberge von der Strömung davongetragen werden.

Farbbild: Bis zu den Fjorden im Golf von Alaska stößt der Columbia-Gletscher hinab.

Russische Pelzjäger haben dieses Land einst entdeckt. Wegen seines Reichtums an Bären, Elchen, Mardern und Robben ist es von dem tatkräftigen Despoten und Kolonisator Baranoff durchstreift, erobert und der Krone des russischen Zaren unterstellt worden. Als nach etwa 150 Jahren der Pelzreichtum erschöpft schien und das wilde Riesenland dem Zaren nur noch eine Last dünkte, hat es im Jahre 1867 der amerikanische Senator Seward dem Kongreß für den von Rußland geforderten Kaufpreis von 7,2 Millionen Dollar förmlich aufgeschwatzt und dafür den Spott des amerikanischen Volkes über den Kauf von »Sewards Eisschrank, des teuersten Eisschranks der Welt«, geerntet. Aber der Eisschrank erwies sich als wahre Goldkammer von tausendfachem Wert! Hierhin führte der Weg der Abenteurerscharen, die um die Jahrhundertwende im größten Goldrausch aller Zeiten, dem Goldrausch von Klondyke und Yukon, auszogen, um das »Gold in Tonnen« zu bergen. Wie auf dem Bild hockten damals Hunderttausende von Abenteurern aus der ganzen Welt an den Flüssen Alaskas, um mit Pfanne und Schaufel das Gold aus dem Schlamm zu waschen. 2

3 Tag und Nacht stehen amerikanische Goldgräber von heute an ihren Hochdruckrohren und jagen das bohrende Wasser gegen die Flanken der goldhaltigen Erde. Denn ewiger Frost hält seit Hunderttausenden von Jahren das Gold Alaskas fest umklammert. Unaufhörlich prasselt und dröhnt es während der kurzen Sommermonate, bis der goldhaltige Schlamm freigeschwemmt ist und in den schwimmenden Goldfabriken zu Barren — jeder im Wert von 50000 Dollar — auf chemische Weise gewonnen wird.

4 *Farbbild:* Der nördlichste Abschnitt der Panamericana: Der Alaska (Alcan) Highway.

Meile »0« — Der Startpunkt des Alaska Highways von Dawson Creek (Britisch-Columbia) und zugleich die kürzeste Formel für das Programm, dessen Größe wahrscheinlich kaum einer von denen ahnte, die im Mai 1942 vor diesem prophetischen Pfosten standen: Fairbanks 1523 Meilen! Der Bau dieser Straße ist als ein Ruhmesblatt menschlicher Tatkraft in die Geschichte des letzten Weltkrieges eingegangen.

6 Als die Japaner die Alëuten besetzten und damit Alaska bedrohten, erbauten im Jahre 1942 amerikanische Soldaten zusammen mit kanadischen Pionieren diese imponierende Fernstraße von fast 2500 km in der unfaßbar kurzen Zeit von nur 8 Monaten durch das menschenleere, wegelose Gebiet. Trotz größter Schwierigkeiten wurde der Alaska Highway täglich um 12 Kilometer durch Steppen und Wälder, über Berge und breite Flüsse vorangetrieben. Er gewinnt weiter südlich Anschluß an das weitverzweigte Verkehrsnetz von Kanada und den Vereinigten Staaten von Nordamerika.

7 *Farbbild:* Der kristallklare Bergsee Lake Louise im Banff-Nationalpark (Kanada).

Totempfähle mit rätselhaften Masken von Menschen und Tieren erinnern an die einstmals mystische Verbundenheit der Ureinwohner des Landes untereinander, an die wechselvolle Geschichte der verschiedenen Gruppen und Familiensippen der Indios.

9 Im kanadischen Nationalpark von Banff formen sich die steilen Wände der Rocky Mountains zu einer ungewöhnlichen Bergkulisse. Im Bild: Der »Mount Eisenhower«.

10 *Farbbild:* Blaue Dämpfe schweben über dem Vulkangebiet des Yellowstone-Parks.

Die Straße führt mitten durch den größten Nationalpark der Vereinigten Staaten, den Yellowstone-Park. Heiße Schwefeldämpfe und weiße Nebel lassen oftmals ein faszinierendes Schauspiel entstehen, als stünde unsere Erde noch mitten in der Schöpfung.

12 Vulkanische Kräfte aus dem Inneren unseres Planeten treiben unaufhaltsam siedendes Wasser und zischende Dämpfe an die Oberfläche. Nur hauchdünn ist die Kruste unserer Erde, die uns von den Gewalten trennt, die in der Tiefe brodeln (»Valentin-Geiser«).

13 *Farbbild:* Durch heißen Schwefeldampf abgestorbene Bäume im Yellowstone-Park.

14 Der berühmteste Geiser im Yellowstone-Park: »Old Faithful« (»Der alte Getreue«), dessen Wasserfontäne seit undenklichen Zeiten allstündlich in den Himmel steigt.

15 Es gibt keine Landschaft auf Erden, die dem Yellowstone-Park vergleichbar wäre. Tausende von thermischen Spielen entfalten sich in seinem Gebiet: Geiser und heiße Quellen, blubbernde Sprudel, heiße Ventile einer siedenden Erde, die aus allen Poren kocht. Zischende Schächte und Abgründe, schimmernde Trichter vulkanischer Krater, bizarr geformt wie Schlünde aus der Unterwelt, die tief in die Erde reichen mit weitverzweigten Gängen und vielen blasenartigen Höhlungen (der »Grotto-Geiser«).

16 *Farbbild:* Der »Morning Geysir Pool« — der Kratersee eines längst erloschenen Geisers.

Der Yellowstone-Park ist als Naturschutzgebiet ein wahres Paradies der frei lebenden braunen Bären. Ohne Scheu vor dem Menschen trotten diese dickpelzigen Gesellen durch die Wälder, über die Lichtungen und besonders gern auf den Straßen. Denn Autos sind ihnen längst vertraute Attribute einer gewandelten Umwelt, aus der sie ihren Profit zu ziehen wissen. Dreist fordern sie ihren Preis von jedem Auto, das passiert: Kekse, eine Scheibe Brot, ein Stück Wurst oder Schokolade. Und wer möchte den drollig-tolpatschigen Dickköpfen widerstehen, wenn sie sich brummend am Wegesrand aufrichten und bettelnd durch die Wagenscheibe spähen? Aber Vorsicht! Besser ist's, das Auto zwischen sich und dem manchmal recht ungestümen Partner zu haben!

18 Ist alles Eßbare bereits erbettelt? Liegt da nicht noch etwas? Jetzt gibt's kein Pardon!

19 Im unbemerkten Moment Scheibe eingedrückt, eingestiegen und alles aufgefressen!

20 *Farbbild:* Skulpturenwelt des Bryce Canyon: »Queen Victoria in Queens Garden«.

»Rote Felsen, die wie steinerne Männer in einer schalenförmigen Schlucht stehen.« So beschrieben die indianischen Ureinwohner das Naturwunder des heutigen Bryce-Canyon-Nationalparks. Zu bizarren Formationen gegliedert, staffelt sich das steinerne Heer aus der Tiefe des Tals bis zu 300 m Höhe des jenseitigen Randes. Betrachtet man es genauer, so scheint es, als habe die Natur hier in einer heiteren Schöpferlaune versucht, Werke des Menschen — Schlösser, hochgetürmte Festen — selbst nachzubilden.

22 Wind und Wetter, Regen und Schnee, Frost und Hitze haben in 60 Millionen Jahren das rote Gestein zu einem gespenstischen Gewirr von Felszacken geformt. Die Phantasie vermeint, in ihnen steingewordene Visionen einer Traumwelt zu erblicken: »Das Schloß der Königin (Queen's Castle)« nennt der Volksmund die kantige Gruppe trutziger Zinnen und das steinerne Filigran der spitzen Kathedralentürme im Bryce Canyon.

23 *Farbbild:* Winzig erscheint der wandernde Mensch vor den roten Zyklopenfelsen.

Wer wollte zweifeln, daß diese drei auf hohem Sockel postierten, wie von weiten Mänteln umwallten und von würdigen Spitzhüten gekrönten Felsgestalten die »Drei Weisen aus dem Morgenland« darstellen? Es gibt zahlreiche ähnlich feingegliederte Phantasiegestalten, die die Natur mit den haarfeinen Meißeln der Verwitterung aus vielen Millionen Jahre alten Schichtungen des roten Felsgesteins herausziseliert hat. 24

25 Einstmals waren die schroffen, steinernen Erker und Orgelpfeifen dieses zyklopischen Felsmassivs Boden eines riesigen Meeres, der sich in Millionen Jahren Schicht um Schicht aufeinandergetürmt hatte. Dann schwand im Laufe weiterer Millionen Jahre das Wasser, das Land hob sich, wie von einer Gigantenfaust gepreßt, immer mehr in die Höhe. Dabei barsten die zu Schiefer, Kalk- und Sandstein zusammengepreßten Gesteinsmassen. Heraustraten die steilen Felswände, die von glutheißen Sommern und frostkalten Wintern zu einer hochgestaffelten Felsformation gegliedert wurden.

26 *Farbbild:* Auf dem Wege zum Grand Canyon, der gewaltigsten Schlucht der Erde.

Millionen Jahre der Erdgeschichte starren aus den zu gigantischen Treppen gestuften Felsflanken und aus den schwarzen Schatten einer kaum noch erkennbaren Tiefe auf den Menschen, der sich am Rande dieser Schlucht fassungslos auf der Höhe des Gebirges sieht, das er niemals erklommen hat. Denn der Grand Canyon ist ein »Umgekehrtes Gebirge«, das nicht in den Himmel hinaufgetürmt, sondern in die Erde hineingegraben ist. Solche urweltliche Schlucht gibt es nicht ein zweitesmal auf der ganzen Erde. Je tiefer der Grand Canyon reicht, um so urälter ist das Gestein, das seine Wände flankiert: Vierhundert, fünfhundert Millionen, am Grunde eine Milliarde Jahre oder mehr. Ein Fluß hat diese Schlucht geformt, den schon die Spanier wegen der Farbenfülle seiner strömenden Wasser den »Rio Colorado«, den »Farbigen Fluß« nannten. Vor zehn bis fünfzehn Millionen Jahren muß der Colorado-Fluß sein Werk auf der Höhe des damals schon 250 Millionen Jahre alten Kalksteinplateaus begonnen haben. Während die Erdscholle sich an dieser Stelle unendlich langsam hob — pro Jahrtausend nur um Zentimeter —, fraß sich der Fluß immer tiefer mit tosenden Kaskaden und wirbelnden Strudeln in das Gestein ein. Er hat die Felsen heute bis in eine Tiefe von 1600 Metern zerschnitten, die Erde durchwühlt und sie als Schutt oder Schlamm in schäumender Talfahrt mit seinen reißenden Wassern davongeschwemmt. Längst hat er sich jedoch bis ins älteste Urgestein der Erde hineingefressen, das ihm den zähesten Widerstand leistet.

Farbbild: Bei Sonnenaufgang liegen noch Schatten der Nacht über dem Grand Canyon.

25 Kilometer breit spannt sich der Abgrund der wüsten Felsentiefe. Während der Fluß sich immer tiefer und tiefer sägte, fegte der Wind der Jahrmillionen über die bloßgelegten Flanken der oberen Felsenschichten. Die Sanduhr der Ewigkeit begann zu rieseln. Hier zerfiel Gestein zu Staub, dort trotzte es der Zeit. Die oberen Klüfte weiteten sich, formten sich zu Schutthalden, zu Steilwänden und Felsenterrassen. Querflüsse brachen sich seitlich zum rauschenden Mutterfluß Bahn, rissen die Felsenflanken von der Seite her auf. So formten sich diese eigenwilligen Felsengebilde.

30 Schnurgerade, wie mit dem Lineal gezogen, ziehen sich die uralten Erdschichten, gigantisch gestapelt, waagerecht durch das Gestein, tauchen hier an dieser steilen Wand im Vordergrund auf, sind dort an jener Felsterrasse mitten im Tal deutlich wieder zu erkennen und zeigen sich schließlich klar — oder vom Dunst der Ferne leicht verschleiert — auch am jenseitigen Rand der Schlucht. Und schnurgerade, wie mit einem Lineal gezogen, zieht sich auch das andere Ufer des größten Canyons der Erde von Horizont zu Horizont. In über 340 km Länge erstreckt sich dieser gigantische Graben, dessen Klippen, nur selten mit spärlichem Pflanzenwuchs überzogen, in die Tiefe stürzen.

31 *Farbbild:* Im Tal der Monumente: »Das Ohr der Welt« im »Monument Valley«.

Flache, vom Wind geriffelte Sandhalden, auf denen sich dürftiges Gestrüpp aus dem Sande hochwindet, das ist die Urlandschaft, in der sich im weiten Umkreis die hohen, eckigen und kantigen Felsklötze mit senkrechten Wänden erheben, die diesem Tal den Namen gaben »Monument Valley« (»Tal der Monumente«) im Staate Utah, USA. 32

33 Im »Tal der Monumente«, zwischen unwegsamen Dünen und weltverlorenen Felsenklüften, wo über der flachen Steppenlandschaft die »Standbilder« noch heute wie unvergängliche Wächter stehen und die Erinnerung an das Raunen alter Sagen wachhalten, verteidigten die Navajo-Indianer zum letztenmal die angestammte Heimat gegen die vordringenden weißen Siedler. Für alle Zeiten wurde ihnen das Tal der Denkmäler als Schutz- und Heimatgebiet überlassen, eine der ersten und größten Indianer-Reservationen in Nordamerika. So klingen auch die Namen der Felsmonumente nach uralt indianischen Mythen: »Das Standbild des großen Indianers« oder die geisterhaft aus den Dünen hoch aufragenden Felsengebilde der »Totempfähle«.

34 *Farbbild:* Navajo-Indianer vor ihren meilenweit verstreut liegenden Reisighütten.

In dem schweigenden Tal, gesäumt von Felsdenkmälern aus 250 Millionen Jahren erdgeschichtlichen Werdens und Vergehens, reiten die Navajo-Indianer über die Dünen von einem Weideplatz ihrer Schafherden zum anderen, weit ab von der heutigen Welt.

36 Auf primitiven Webstühlen, aus knorrigen Baumstämmen errichtet, weben die Frauen unter freiem Himmel im Angesicht der Felsdenkmäler kunstvolle und farbenprächtige Teppiche, heute so wie ehedem, als das Tal der Monumente zu ihrer Heimat wurde.

37 *Farbbild:* Ein Hauch von unberührter Ewigkeit liegt über dem Monument Valley.

In Nogales überquert die Panamericana die Grenze nach Mexiko, ein vulkanisches Land mit einer vulkanischen Geschichte. Über Meilen und Abermeilen hinweg ist das Land mit schwarzer, hartverkrusteter Lavaschlacke bedeckt.

Heute steht über den Feldern des Dorfes Paricutin noch immer die Rauchfahne, rieselt noch immer der Aschenregen aus dem Schlunde jenes Vulkans, der erst vor wenigen Jahren durch gähnende Spalten aus dem flachen Acker brach und inzwischen — feurige Gesteinsflüsse und glühende Asche speiend — auf über vierhundert Meter Höhe gewachsen ist und Dörfer und Felder unter sich begrub.

Dennoch ist dieses Land reicher, als sich beschreiben läßt. Welches Gewächs würde hier nicht gedeihen, zwischen tropischem Dschungel im Tiefland und der scharfen Grenze der weißen Schneefelder am Gipfel der höchsten Vulkane. Hier ist die Heimat des Kakaobaumes, der Tomate, des Maises — Früchte, die die Alte Welt nicht kannte, solange dieses Land unentdeckt war. Und welche Bodenschätze sind hier zu finden: Gold, Silber, Edelsteine und Erze aller Art.

Und doch kannten die Indios zu einer Zeit, als sie bereits Pyramiden gegen den Himmel türmten, die mit den Bergen wetteiferten, noch nicht das Eisen; sie kannten weder das Pferd noch das Rind und nicht einmal das Wagenrad. Aber die grandiosen Tempelbauten, deren Mauern und Gesteinsmassive noch teilweise ungebrochen in die heutige Welt hineinragen, künden von der Größe einer Epoche und einer Kultur, vor der wir in um so tieferer Bewunderung stehen, je klarer wir ihr Bild erkennen. Zentrum dieser Kultur war die gleiche Stadt, die noch heute Mittelpunkt des Landes ist: Tenochtitlán, heute Mexiko City. Wo die Berggipfel Mexikos den Himmel selbst zu tragen scheinen und ihre Spitzen in die weißglitzernde Einsamkeit des ewigen Schnees steigen, breitet sich zu Füßen der Vulkankegel ein Tal in 2000 Meter Höhe über dem Meer, in dem einst die indianischen Azteken auf einer Insel in einem blaugrünen See die Stadt der Götter, Tenochtitlán, gegründet hatten. Heute ist Mexiko City eine Millionenstadt mit Wolkenkratzern, Handelskonzernen und internationalen Industrie-Unternehmen, eine jener gigantischen Städtespinnen, deren Fühler, Netze und Fangarme aus Draht und Kabel rings um den Erdball reichen. Aber unter den Straßen der Stadt sieht man — ausgegraben von der forschenden Wissenschaft — die Grundmauern der alten Tempelpyramiden, auf die sich die neue Stadt Mexiko City gelegt hat.

Welche Bedrückungen die Indios im Laufe der Geschichte von den spanischen Eroberern auch erdulden mußten, ihr Volk lebt noch heute in vielen mexikanischen Stämmen. Einst, als die Spanier die Stadt Tenochtitlán in Schutt und Asche gelegt hatten, betrug die Zahl aller Indios vielleicht nur noch drei Millionen Seelen. Sie ist später wieder auf mehr als 9 Millionen gewachsen. Denn diese Bevölkerung ist nicht im Aussterben. Es ist eher, als flamme ihre Vitalität über einen Raum von Jahrhunderten hinweg unwiderstehlich von neuem auf, bereit, die Brücke in eine hoffnungsvolle Zukunft zu schlagen.

Farbbild: Die Vulkankegel der »Schlafenden weißen Frau« und des »Popocatépetl«.

Beherrschend überragte die Tempelpyramide des aztekischen Kriegsgottes mit den beiden Opfertempeln den heiligen Bezirk der indianischen Hauptstadt Tenochtitlán.

»Als wir die vielen im Wasser erbauten Gebäude erblickten und diesen Damm, der geradenwegs und vollkommen eben durchs Wasser nach der Hauptstadt führte, da staunten wir und sagten, das gliche den verzauberten Dingen, von denen das Buch Amadis sprach. Denn die riesigen Türme und Tempel im Wasser waren alle aus massivem Mauerwerk. Einige unserer Soldaten fragten sogar, ob das, was sie sahen, nicht ein Traumbild sei.« So beschrieb Bernardo Diaz, einer der 400 Spanier, die mit dem Eroberer Hernando Cortez am Morgen des 8. November 1519 in Tenochtitlán einzogen, seinen ersten Eindruck von der Hauptstadt der Azteken.

In der Tat: Es war ein faszinierendes Bild fremdartiger Schönheit. Alles überragende Pyramiden, Tempel und Paläste, steinerne Standbilder und Skulpturen, die Stadt der dreihunderttausend Indios mit ihren bunten Booten auf weitverzweigten Kanälen. Hier glichen die Paläste Feenschlössern, hier gab es nicht einzelne Kirchen oder Kathedralen, sondern ein riesiges Geviert war zu einem mit Prunkmauern umzogenen Tempelbezirk ausgebaut, der nicht weniger als 72 Bauten aufwies, darunter gewaltige Stufenpyramiden, von breiten Treppen flankiert und von einer Plattform gekrönt, auf der sich die eigentlichen Tempelgebäude erhoben.

Und dennoch: Trotz aller Bewunderung zerstörten die Spanier ein Jahr später das indianische Venedig und köpften damit erbarmungslos eine Kultur auf dem Höhepunkt ihrer Macht und Pracht. Geblieben sind nur Reste der alten Fundamente, auf denen die neue Stadt Mexiko-City aufgebaut wurde.

Doch der weiche Boden der einstigen Lagunen läßt viele schwere Gebäude tiefer und tiefer einsinken, gleichsam als Rache der einstigen Aztekenstadt, dessen letzter Kaiser Gautomoc bei seiner Folterung den spanischen Eindringlingen zurief: »Was suchet ihr nach Gold, wo doch so schöne Blumen in unserem Lande blühen?«

Farbbild: Lagune in Mexiko-City mit dem weißgekrönten Vulkankegel des Popocatépetl.

Schlanke Pappelreihen, sich im dunklen Wasser spiegelnd, säumen die Wasserläufe von Xochimilco, Reste jenes Sees, der die Inselstadt Tenochtitlán umfing. Einst waren die Schwimmenden Gärten von Xochimilco treibende Blumeninseln; heute sind sie das Sonntagsziel der Mexikaner mit ihren von farbigen Verdecken überschatteten Booten.

42 Buntes Leben am Rande der Straße: Das Lied des Mariachi, von ihm selbst komponiert, ist für die vielen Wäscherinnen am Fluß eine willkommene musikalische Begleitung.

43 *Farbbild:* Mexikaner flechten aus dem Sisalhanf der Agave bunte Hüte und Matten.

Nie ließen sich die Indios in Mexiko den Pulque nehmen, das starke alkoholische Getränk, aus dem Saft der Agave gewonnen. Täglich zwei bis drei Liter quellenden Saftes saugt der Indio aus den Knospenherzen der Agave in die kürbisartige Kalebasse, insgesamt etwa 200 Liter Flüssigkeit, bis die kraftlos gewordene Pflanze dahinwelkt.

44

45 Der geduldige Esel, das nützliche Haustier des Mexikaners und der liebste Spielgefährte der Kinder, gehört zum alltäglichen Straßenbild in den ländlichen Bezirken.

46 *Farbbild:* Mosaiken im altindianischen Stil an der modernen Universitätsbibliothek.

PTOLOMEO

ULTRA
COPERNICO

Mit breiten Flanken steigt terrassenförmig die Sonnenpyramide von Teotihuacán, der »Stadt, wo Gott Gebete dargebracht werden«, machtvoll himmelan. In einem Rechteck von mehr als 5 Kilometer Länge und über 3 Kilometer Breite hat ein Volk, das jahrhundertelang in der Geschichte wie ausgelöscht schien, staunenswerte Bauten errichtet, die den Pyramiden am Ufer des Nils an Wucht und Größe um nichts nachstehen. Auf der Höhe der Sonnenpyramide stand einst ein Tempel, dessen Heiligtum der höchsten Gottheit geweiht war, des Sonnengottes. Ein Schild aus schimmerndem Gold und Silber bedeckte die Brust der Statue, die nach Osten blickte, so daß mit der aufgehenden Sonne zugleich der goldene Schild im Widerschein des Tagesgestirns gleißend erstrahlte. Als Cortez an dieser Weihestätte vorüberzog, waren die Tempel und Paläste längst unter meterhohem Gestrüpp begraben. Selbst die Azteken kannten sie nur als das gleiche Gelände sanfter Bergkuppen, als das den Einwohnern von Mexiko-City das von Sträuchern überwucherte Hügelgelände noch vor wenigen Jahrzehnten erschien.

48 Furchterregend blicken die steinernen Schlangenhäupter aus dem Mauerwerk des Quetzalcoatl-Tempels in der Götterstadt Teotihuacán. Der Schlangengott Quetzalcoatl war eine der höchsten und gefürchtetsten Gottheiten des alten Mexiko schon zu Zeiten der Tolteken, von denen seine Verehrung auf die Azteken und Mayas überging. Selbst unter dem Pflaster des heutigen Mexiko-City geifern da, wo die neue Stadt der Spanier die Bauten der alten Gottheit überwucherten, die Schlangenhäupter der zerstörten Pyramiden, als wollten sie Rache für den Untergang der einstigen Völker schwören.

49 *Farbbild:* Der große Tempel von Uxmál im »Neuen Reich der Mayas« in Yucatán.

Der Sonne weihten die alten Indiovölker ihre Tempelstätten, der höchsten Gottheit, in deren Strahlenglanz alles Leben auf Erden steht. So in der Tempelanlage auf dem Monte Albán bei Oaxaca. Niemand weiß, welchem Urvolk unter den Indios dieser aus der Talweite steigende Berg mit seiner flachen Kuppe zuerst als Thron der Götter erschien, so daß es auf seinem Gipfel die geweihten Pyramiden errichtete. Als Cortez Mexiko eroberte, lagen die Tempelanlagen vom Monte Albán längst unter einer bewachsenen Erdschicht begraben. Heute sind sie von Archäologen wieder freigelegt. Man schreitet über ein Pflaster, das Stein um Stein so verlegt wurde, wie es noch zu sehen ist, vorbei an steinernen Flanken von Pyramiden und Tempeln, die dieses weitgehende Bergplateau so machtvoll erfüllen und umgrenzen, wie es die alten Priester und indianischen Gott-Kaiser einst ersonnen und ihren Untertanen befohlen hatten. 50

51 Sakraler Mittelpunkt des Mayareiches war die weite Anlage von Chichén-Itzá. Bewundernd steht heute die Welt vor der großen Tempelpyramide El Castillo, zu deren Gipfelheiligtum insgesamt 365 Stufen hinaufführen, den Tagen des Jahres entsprechend und perspektivisch so zu vier majestätischen Treppen gefügt, daß dem Auge die Stufen in der Höhe gleich weit und breit erscheinen. Von hochentwickelten Observatorien aus verfolgten die Mayas den Lauf der Gestirne mit solcher Genauigkeit, daß sie danach den heute noch besten Kalender der Welt aufstellten und die günstigsten Tage der Maisbestellung berechnen konnten. Dennoch ging Hand in Hand mit der Erkenntnis der Naturgesetze jener fanatische Aberglaube im Kult der Götter und Götzen einher, der die Mayas bewog, in Zeiten der Dürre und Hungersnot die Gunst des Regengottes mit dem Opfer des Lebens unschuldiger junger Mädchen zu erflehen.

52 *Farbbild:* Indios in ihren farbigen aztekischen Gewändern bei einer kultischen Feier.

Seit über 400 Jahren hängt in der Kirche von Guadelupe (Mexiko-City) als kostbare und wundertätige Reliquie der Mantel eines armen Indio, auf dem das Bildnis der angebeteten Muttergottes erschienen war. Dieses Wunder von Guadelupe — in seiner Bedeutung nur Lourdes und Fatima vergleichbar — wird alljährlich am Jahrestag des Wunders, dem 8. Dezember, als größtes Fest der christlichen Welt in Mexiko begangen. Hunderttausende von Menschen strömen an diesem Tage auf dem Platz vor der Kirche zusammen, in der das wundertätige Muttergottesbild aufbewahrt ist. Während sich die Pilger- und Büßerzüge dem Heiligtum entgegendrängen, steigern sich Tänzergruppen in prunkvollen Festgewändern in die Ekstase aztekischer Tempeltänzer hinein.

54 Unübersehbar wogt die Menge der Indios vor der Kathedrale von Guadelupe. Aus dem weitgeöffneten, dunklen Portal des Gotteshauses klingen Orgelmusik und Chorgesang, in den die pochenden Rhythmen altindianischer Tänze hineindröhnen. Wie Blumenrabatten inmitten der dunklen Menge erscheinen vereinzelte Gruppen in farbigen Gewändern, ununterbrochen nach dem Rhythmus dunkler Trommeln tanzend. Es wogt und wirbelt von bunten Federn, schwingenden Schildern, blitzenden Schwertern in diesem uralten heidnischen Tanz: Symbol für Zwiespalt und Einheit von nie ganz vergessenem Götzenkult und fanatischer christlicher Glaubensinbrunst.

55 *Farbbild:* Majestätischer Vulkankegel über dem tiefblauen Atitlan-See in Guatemala.

Wie zu Stein geworden blicken die Gesichter längst vergangener Geschlechter aus den Stelen der Mayas, Statuen von barbarischer Schönheit und Wildnis, umkränzt von einem fremdartigen Ziselierwerk steinerner Ornamentik. Mitten im Dschungel von Honduras, nahe der Stadt Copán, entdeckte der amerikanische Archäologe Stephens 1839 die ersten der unvergleichlichen Denkmäler einer längst versunkenen Kultur. 56

57 Im vollendeten Ebenmaß der Vulkankegel von Mittelamerika sahen die Indios das natürliche Vorbild ihrer Pyramiden, deren Spitzen wie die Gipfel der Vulkane den Wolken und dem Himmel entgegenstreben, wo die Naturgewalten geboren werden.

58 *Farbbild:* Der opferreichste künstliche Wasserweg der ganzen Welt: Der Panamakanal.

DENMARK HIL
LONDON

82 Kilometer lang ist der Panamakanal, einer der kühnsten Land-Durchstiche, die das Bild des Globus veränderten, indem er zwei Weltmeere miteinander verband: Den Pazifischen und den Atlantischen Ozean. Kaum ein anderes Bauwerk hat soviel Opfer gefordert und ist gegen soviel Widerstände von Natur und Mensch vollbracht worden. Die Fieberhölle der tropischen Urwälder war zu bezwingen, ein Bergplateau zu überwinden, über das die Schiffe mit Schleusensystemen gehoben werden müssen. Als 1889 der Vater des Panamakanals, der Franzose Ferdinand Lesseps, endgültig scheiterte, vollendeten die Vereinigten Staaten diesen Bau nach elfjähriger Arbeit (1903—1914).

60 Die längste Straße der Welt, die den Doppelkontinent Amerika durchzieht, verläuft in Panama ins Leere. Hier endet vorerst ihr nördlicher Abschnitt, der von der Gletscherwelt Alaskas bis in die Dschungelwildnis Mittelamerikas führt. Hier klafft noch die 600 km lange Lücke im System des kühnen Straßennetzes: Die Sümpfe von Darien.

61 *Farbbild:* 3000 Meter hoch ragen die Tafelberge der Gran Sabana in Venezuela.

In *Südamerika* beginnt die Panamericana — die in Venezuela, Kolumbien und Ecuador nach dem Befreier »Carretera Simón Bolívar« benannt ist — in der Hafenstadt La Guaira. Von dort aus windet sie sich in weniger als 20 Kilometern zu der über 900 Meter über dem Meer gelegenen Hauptstadt Carácas hinauf, durchbricht in westlicher Richtung die äußersten Ausläufer der Anden, läuft durch tropischen Urwald bis in das Tal des Maracaïbosees und erreicht schließlich die kolumbianische Grenze. Hier durchquert die Straße die tropischen Wälder, steigt in Ecuador die Andenkette hoch und drängt sich in Peru zur Küste des Pazifik. Von Cuzco, der Hauptstadt des alten Inkareiches, und vom Titicacasee durchläuft sie das Hochland von Bolivien und hält sich im langgestreckten Chile wieder an der Küste, durchquert die Atacamawüste und wendet sich nördlich von Santiago in östlicher Richtung nach Argentinien. In der La-Plata-Mündung trifft sie auf Buenos Aires, umfaßt Uruguay mit seiner Hauptstadt Montevideo und erreicht vom Süden her Brasilien mit den Städten São Paulo, Rio de Janeiro und seiner neuen Metropole Brasilia. Von hier aus sollen strahlenförmig die Straßen in das Urwaldgebiet des Amazonas vorstoßen.

Als der spanische Eroberer Alfonso de Ojedo im Jahre 1500 an der Tropenküste von Maracaïbo entlangsegelte und die auf Pfählen gebauten Schilfhütten sah, als er erkannte, daß die Verbindungswege zwischen den Hütten nicht Straßen, sondern Kanäle waren, auf denen die Eingeborenen mit kleinen Holzbooten von Haus zu Haus ruderten, fühlte er sich an Venedig erinnert und nannte das Land, das er nun betrat, »Klein-Venedig« — Venezuela. Vergeblich suchten die spanischen Eroberer »El Dorado«, den »Goldenen Prinzen«, dessen sagenhafte Schätze irgendwo im Dunkel undurchdringlicher Urwälder des Entdeckers harrten. Sie wurden bis heute nicht gefunden.

Die Pfahlhäuser der Eingeborenen am Maracaïbo-See müssen von allen Seiten luftig gebaut sein, weil hier auf Meereshöhe die tropische Sonne unbarmherzig niederbrennt — ein Höllenklima für Menschen, die bei 30 Grad Jahresdurchschnitt leben müssen. 62

Farbbild: Über breite Felsenterrassen stürzen die Canaima-Fälle in blaue Lagunen.

Erst die Ölsucher des 20. Jahrhunderts entdeckten den wahren Schatz des Landes, das schwarze, flüssige Gold: Öl! Über die Pfahlbauten unserer Zeit, die Bohrturm-Inseln, wird es aus 3000 Meter Tiefe unter dem Spiegel des Maracaïbosees zutage gefördert.

65 Der Strom des Öls treibt die dichten Ströme des Verkehrs durch die Lebensadern der auf diesem Reichtum des Öls gebauten Metropole Venezuelas — Carácas: Breite weitgeschwungene Autostraßen, Boulevards und Avenuen, über die unablässig die Wagen durch das vielstöckige Häusermeer einer der modernsten Städte der Welt rollen.

66 *Farbbild:* Das Wahrzeichen der Metropole des Erdöls: Das »Centro Simón Bolívar«.

PITTSBURGH

Auf den Stätten alter Lehmhütten, die niedergerissen und hinweggefegt wurden, errichtete eine internationale Elite moderner Städtebauer, zu jeder architektonischen Kühnheit bereit, das Zentrum einer Stadt von morgen. Mit südländischem Temperament hat die Avantgarde von phantasievollen Baumeistern aus aller Welt, unbekümmert aus dem vollen schaffend, die Fronten der Hochhausbauten kühn gegen die Berge gestaffelt. Über nüchterne Fassadenreihen triumphiert sie mit dem Reiz schwingender Bogenkonstruktionen, mit denen sie hier verwegene Pläne in die Tat umsetzte. Carácas ist durch das Öl in kürzester Zeit zu einer Weltstadt emporgewachsen. Sie kann sich auch noch rühmen, im besten Klima Südamerikas zu leben. Ihre Höhenlage zwischen 800 und 900 Meter auf dem breiten Andental in Meeresnähe schenkt ihr bei gleichbleibender Jahrestemperatur von 21 bis 22 Grad den »Ewigen Frühling«.

67

68

 Farbbild: Auf der Panamericanischen Straße durch die tropische Ebene Venezuelas.

Zwei Weltmeere branden an die Küsten *Kolumbiens*, des einzigen Landes in Südamerika, das an beide Meere grenzt, den Atlantischen und den Pazifischen Ozean. Und alle Klimazonen der Erde treffen sich in diesem Lande der großen Ströme, der zerklüfteten Gebirgsketten, der dunklen Urwälder und der menschenleeren Höhensteppen.

Die Orchidee, Märchenblüte von tausendfältiger Gestalt, könnte die Wappenblume Kolumbiens sein. Denn in keinem anderen Land der Erde quillt die Blütenfülle dieser Königin der Flora in so großer Vielfalt von 700 Varianten wie in dem Schoß der tropischen Regenwälder Kolumbiens.

Und das Gold wäre das Wappenmetall dieses Landes zwischen den beiden Ozeanen, das aus den Flanken unberührter Gebirgsmassive mit Schutt und Geröll zu Tal in die Flüsse hinabgeschwemmt wird.

Im Dunkel der vom Magdalenenstrom durchflossenen Wälder in der Ebene zwischen den dreigeteilten Höhenzügen der Kordilleren wurde hier auch die Legende vom »Vergoldeten Prinzen« (»El Dorado«) geboren, dem die Konquistadoren im Fieber unersättlicher Goldgier ein Jahrhundert lang vergebens nachjagten. Aber längst hatten die hochkultivierten Chibcha-Indianer, einst die geschicktesten Goldschmiede-Künstler unter den Ureinwohnern des tropischen Landes, den Brauch aufgegeben, ihren Stammeshäuptling alljährlich mit Goldstaub zu überschütten und das Gold dann in den Wassern des heiligen Sees abzuwaschen, während das Volk seinem Gott zu Ehren Geschmeide aus Gold und Smaragden als Opfer in den Fluten versenkte.

Und doch ist nicht das Gold, ist nicht der Reichtum an Platin oder Silber der Berge, Eisen, Kohle, Edelsteine oder Öl im kolumbianischen Boden der wahre Schatz des Landes, sondern die Fruchtbarkeit seiner Erde in diesem großen natürlichen Botanischen Garten, in dem nicht weniger als 7000 verschiedene Pflanzenarten sprießen, darunter Zuckerrohr, Bananenstauden, Tabak und Kaffeesträucher, die in zahlreichen Plantagen das Land bis an die Felsenhänge der Kordilleren überziehen.

70 In dieser tropischen Landschaft stürzt der Tequendama-Wasserfall, nahe Bogotá, in die Tiefe hinab.

71 *Farbbild:* Tropische Fruchtbarkeit in Überfülle: Kaffee und Bananen in Kolumbien.

Mit flinken Händen streifen Scharen brauner Kaffeepflücker mit unwahrscheinlicher Geschwindigkeit den Segen der reifen Kaffeefrüchte aus dem dichtbelaubten Gezweig. Wie harte Kirschen rinnen die roten, festen Beeren, deren Kern die Kaffeebohne ist, in die Körbe und wandern am Ende ihrer Reise auf die Kaffeetische der ganzen Welt.

73 Unerschöpflich scheint die Fruchtbarkeit Kolumbiens unter der sengenden Tropensonne und der Flut wolkenbruchartiger Regenfälle. Die Straße führt durch feuchtwarme Tropenwälder wie durch einen Garten immergrünen Überflusses. In weiten Plantagen reifen Bananen, Zuckerrohr, Kakao, Tabak — der ganze Reichtum tropischer Ernten. Tief unten aber in der Dämmerung des Urwaldparadieses entfaltet sich, geheimnisvoll wie eine kleine Flamme, die Nationalblume des Landes: Die Orchidee.

74 *Farbbild:* In 2600 m Höhe erreicht die Panamericana Bogotá, Hauptstadt Kolumbiens.

Drei verschiedene geographische Regionen — eine tropische an der Küste des Pazifiks, eine zentral gelegene, von zwei Bergketten der Kordilleren durchzogen, und eine weitere, mit tropischem Dschungel bedeckt —, das ist das Bild von den drei »Welten«, aus denen *Ecuador* besteht. Obwohl dieses Land unter dem Äquator liegt, nach dem es benannt wurde, weist es alle Stufen vom tropischen bis zum kalten Klima auf. Von seinen eigenen Schriftstellern wird Ecuador als ein Paradoxon beschrieben; sein Klima bezeichnen sie als ein »verrücktes Durcheinander«.

Im Osten des Landes liegt die hitze- und fieberschwangere »Grüne Hölle« der Amazonas-Urwälder mit den Buschhütten primitiver Eingeborenenstämme. Unter ihnen die gefürchteten Jivaros, die vermutlich von allen Indianerstämmen Südamerikas die größte Aufmerksamkeit auf sich gezogen haben, weil sie die Köpfe ihrer getöteten Feinde durch ein geheimnisvolles Verfahren zu Faustgröße schrumpfen lassen — in dem Glauben, daß deren Kraft auf diese Weise auf sie überginge.

Im Hochland über der Urwaldtiefe grünt in zwei- bis dreitausend Metern die Plantagenlandschaft tropischer Kulturen. Hier wachsen auch neben Mahagoni- und Gummibäumen die Chinabäume, aus denen das Chinin gewonnen wird, eines der wichtigsten Heilmittel für die Menschheit.

In der »dritten Welt« Ecuadors, dem Litoral, dem breiten Küstenstreifen längs des Pazifischen Ozeans, entwickelte sich der Handel mit allen Gütern des Landes. Obwohl in dieser Gegend ein tropisch heißes Klima herrscht, mildert der von Alexander von Humboldt entdeckte und nach ihm benannte kalte Humboldtstrom, von der Antarktis kommend, die Hitze und Feuchtigkeit dieses Küstengebiets.

Nur in Ecuador werden übrigens die weltberühmten »Panama«-Hüte hergestellt. Sie erhielten ihren Namen von den nordamerikanischen Goldsuchern, die diese Hüte in den Tagen des Goldrauschs in Panama kauften, als sie sich auf dem Weg über den Isthmus nach Kalifornien befanden.

75 Über 5000 Meter hoch bis in die Regionen des ewigen Eises unter tropischer Sonne ragen die höchsten Vulkane der Erde in den strahlendblauen Himmel Ecuadors. In diesem Lande, direkt unter dem Äquator, haben gewaltige Vulkanausbrüche der Vorzeit Kraterkegel bis über Wolkenhöhe aufgetürmt. Alexander von Humboldt, der große deutsche Gelehrte und Forscher, dessen naturkundliche Reisen durch Südamerika um 1800 zu den klassischen Entdeckungsfahrten zählen, nannte diese Vulkankette, die das breite Hochlandtal in seiner ganzen Ausdehnung von 800 Kilometer Länge zu beiden Seiten flankiert, »Avenida de Vulcanos«, »Die Straße der Vulkane«.

76 *Farbbild:* Begegnung mit Indioreitern in ihren farbenprächtigen Ponchos in Ecuador.

Senkrecht steht die Sonne über dem Äquatordenkmal in Ecuador. Es ist 12 Uhr mittags, die Stunde ohne Schatten, wenn die Sonne hier im Zenit steht. Wohin man immer zu dieser Stunde blickt, nur gleißende Sonnenflächen, eine Welt, die vor Licht blendet und nirgends die Wohltat eines dunklen Schattens aufweist.

Von hier aus vermaß einst (1735 bis 1743) der französische Mathematiker Charles Marie de la Condamine auf der ersten Expedition europäischer Wissenschaftler in Südamerika die Länge der Strecke zwischen zwei Meridianen, errechnete so den Erdumfang und schuf das Metermaß, das der 40 000 000. Teil des Erdumfangs ist.

An diesem markanten Punkt erlebten auch Hans und Margrit Domnick, was man nur hier auf der exakt gezogenen Linie, die die Erdkugel in eine Nord- und eine Südhälfte teilt, erleben kann: Den einen Fuß diesseits, den anderen jenseits des goldenen Strichs, betritt man beide Seiten der Erdkugel zugleich. Nach 20 000 Kilometer Filmreise vom Nördlichen Polarkreis an wird die Kamera hier vom Äquator genau in der Mitte geschnitten: Die Mittellinie des Erdballs ist erreicht. Hans Domnick steht auf der nördlichen, Margrit Domnick bereits auf der südlichen Halbkugel.

Doch obwohl die Sonne senkrecht vom glasklaren Himmel brennt: Es ist kalt in der dünnen Luft von 3000 Metern Höhe. Auch das ist einer der krassen Widersprüche in diesem Land der Gegensätze.

Farbbild: Durch die »Wüste der ewigen Trockenheit« an der pazifischen Küste von Peru.

Perus Küste umspannt mehr als 2000 Kilometer; sie ist zum größten Teil ein öder, völlig regenloser Küstenstreifen, von tropischer Sonne durchglüht. Von der weißen Brandung bis zu den nah herantretenden Ausläufern der Anden dehnt sich die »Küste der ewigen Trockenheit«.

Der fruchtbare Boden Perus liegt im Hochland und in den Tiefen des Regenwaldes jenseits der Anden. Aber trotz jahrtausendealter Kultur ist bis heute nur etwa ein Zehntel der landwirtschaftlich nutzbaren Flächen gerodet. Auch sie würden nur karge Frucht tragen, wenn nicht der gleiche Humboldt-Strom, der durch seine Kühle den Regen abfängt und so zur Ursache für die Küstenwüste wird, durch seinen Planktonreichtum riesige Fischschwärme anlocken und ernähren würde. Sie machen den Fischfang auf Makrelen und Sardinen zu einem der wichtigsten Wirtschaftszweige des Landes und locken ihrerseits unzählige Vogelschwärme an, deren Dünger die Terrassen und Hochlandstäler der Indios fruchtbar macht. Das gleiche Naturphänomen, das hier Wüsten entstehen läßt, schafft dort fruchtbaren Ackerboden.

Der Flügelschlag von Millionen Guanovögeln verdunkelt bisweilen den Himmel über den Küsteninseln von Peru. Millionen und Abermillionen der grotesk-gravitätischen Vögel nisten längs der Küste und auf den Inseln am Saum der Trockenwüste, eine alptraumhafte Massenversammlung, die eine hochergiebige Naturproduktion von Guano betreibt. Schon zu Zeiten der Inkas galten die Guanovögel als die unermüdlichen Lieferanten des besten Naturdüngers der Welt: Weißgraues, staubiges Gold, das im Laufe der Zeit, über dem Boden der Vogelkolonien zu hohen, steinharten Schichten angewachsen, eine einzigartige Quelle des Nationalreichtums von Peru geworden ist.

Farbbild: Im Hochland von Peru folgt die Panamericana königlichen Inkastraßen.

Als vor mehr als vierhundert Jahren die Spanier unter Francisco Pizarro, von der Landenge von Panama aus an der Pazifikküste entlang, in die Hochtäler der Anden vordrangen, stießen sie auf das wohlorganisierte *Inkareich.*

Mit einem Organisationstalent, das in der Geschichte der Alten Welt nur mit dem der Römer vergleichbar ist, hatten die Inkas seit etwa 1100 n. Chr. das gesamte Gebiet der Anden und der Küstenwüste, das von einer Vielzahl größerer und kleinerer Stämme verschiedenster Sprachen und Gebräuche besiedelt war, ihrem einmaligen Reiche eingegliedert. Zur Zeit der Spanier hatte es den Höhepunkt seiner Kraft und Ausdehnung erreicht und spannte sich über 900 000 Quadratkilometer und eine Längserstreckung von mehr als 4000 Kilometern — von Kolumbien bis Argentinien.

Es war ein unvergleichliches Volk der Ackerbauer und Krieger, der Beamten und Baumeister, der Priester und Herrscher, das sich in der Verehrung der alles schaffenden Sonnengottheit eine Ordnung des staatlichen und moralischen Lebens gegeben hatte, die es allen anderen Völkern jener Zeit und Zone überlegen machte. Unverrückbares Gesetz und Gebot war, daß Leib und Leben, Land und alles Gut dem allmächtigen Inka, der Verkörperung des Sonnengottes, gehörte.

Unter diesem Gesetz und Gebot haben die Inkas himmelhohe Terrassen in steilste Gebirgswände geschlagen und damit buchstäblich Felsen in Ackerland verwandelt. Sie bewässerten ihre Äcker mit kunstvollen Kaskaden, leiteten ganze Flußsysteme um, verteilten das Wasser durch unterirdische Kanäle und bändigten die reißenden Gebirgswässer.

 Farbbild: Inkamauern alter Königspaläste dienten zum Bau spanischer Prunkhäuser.

Das Zentrum des großen Reiches der Inkas — »Söhne der Sonne« — war die Königsstadt Cuzco. Von hier aus strahlte der Glanz der Inkas über Millionen Untertanen, von hier aus führten die königlichen Hochstraßen durch das Riesenreich. Dieses Straßennetz, das das heutige Peru, Ecuador sowie Teile von Bolivien, Chile, Argentinien und Kolumbien umfaßte, war nicht nur durch seine Gesamtausdehnung von etwa 16 000 Kilometern eine einmalige Leistung, sondern auch durch seine Ausführung mit acht Meter breiten, fugenlos verlegten Straßendecken aus behauenen Steinquadern. An den Straßenseiten hatten die Inkas Agaven und schattenspendende Bäume gepflanzt. Entlang der königlichen Hochstraße rann ein kleiner Wasserkanal, um den Durst von Mensch und Tier zu löschen. In regelmäßigen Abständen begleiteten Rasthäuser, Lebensmitteldepots und Forts die Straße. Kuriere überwanden Entfernungen von 5000 Kilometern in zwanzig Tagen. Dieser königlichen Hochstraße verdankt jenes Reich, das sich um das Jahr 1000 am Titicacasee zu entwickeln begann, seine politische und wirtschaftliche Einheit.

Diese große Königsstraße war indessen auch die wichtigste Voraussetzung für das Eindringen des spanischen Eroberers Pizarro und seiner Söldner im Jahre 1532. Auf dem Wege nach Cuzco nahm Pizarro in Cajamarca den Inkakaiser Atahuallpa gefangen und ließ ihn neun Monate später erdrosseln.

Als die Spanier Cuzco erreichten, waren sie — wie Jahre zuvor Cortez in Tenochtitlán — geblendet von dem Reichtum und der Schönheit dieser Stadt mit ihren 100 000 Einwohnern. »Der Tempel der Sonne« — nur einer der großartigen Bauten — war mit Gold, Silber und Edelsteinen über und über bedeckt.

Die spanischen Eroberer rissen alle Tempel nieder und errichteten auf deren Fundamenten und aus den Quadersteinen der abgebrochenen Gotteshäuser ihre Kathedralen.

83 Der wuchtige Quader aus Naturstein war der Baublock der Inkas. Mit ihm schichteten sie ihre Mauern, pflasterten sie ihre Straßen, errichteten sie ihre Paläste. Dabei wußten sie den Stein so glatt zu schleifen und so ineinanderzufügen, daß die Blöcke, oft zu zyklopischen Mauern aufeinandergesetzt, viele Jahrhunderte überdauerten. Sie trotzten selbst den schweren Erdbeben, die wiederholt den Boden erschütterten und ganze Stadtviertel von Cuzco zum Einsturz brachten. Staunend steht man heute vor diesen Steinwällen und fragt sich vergebens, wie solche Werke von Menschen errichtet werden konnten, die weder Hebel noch Flaschenzug, weder Wagen noch das Rad kannten.

84 *Farbbild:* Die Riesenphalanx mannshoher Steinquadern der Festung Sacsayhuaman.

Nur Titanen einer sagenhaften Urzeit können, so meint man, diese ungeheuerlichen Steinquadern bewegt und so lückenlos aufeinandergetürmt haben, daß nicht eines Messers Schneide in die Fugen dringen kann. Der mächtigste Block des dreifachen Steinbollwerks wiegt bei 9 Meter Höhe, 5 Meter Breite und 4 Meter Dicke nicht weniger als 350 Tonnen. Niemand kann bis heute sagen, wie diese Gigantenmauern auf der Felsenhöhe vor der Inkahauptstadt für die Ewigkeit aufgetürmt wurden.

86 Die Lamas, die von Indiofamilien an den Wällen der Festung Sacsayhuaman vorübergetrieben werden, sind Haus- und Schicksalsgefährten der Inkas durch die Jahrhunderte und ihre Weggenossen auf den steilen Felsenpfaden der zerklüfteten Hochanden.

87 *Farbbild:* Das Rätsel der Rätsel: Die geheimnisvolle heilige Inkastadt Machu Picchu.

Die Gralsburg hoch über schimmernden Wolkentürmen könnte nicht geheimnisvoller, nicht weltentrückter sein als die rätselhafte Heilige Stadt der Inkas *Machu Picchu* auf der steilen Granitfelskuppe über dem düsteren Talschlund des Urubambaflusses. Keine Sage und Legende und kein Bericht der Inkas kündete je von der fernen Stadt auf hohem Felsenhorst, die nie ein spanischer Konquistador zu Gesicht bekam, deren Boden nie eines Fremden Fuß betrat bis zu jenem denkwürdigen Julitag des Jahres 1911, als der Amerikaner Hiram A. Bingham, Leiter einer wissenschaftlichen Expedition der Yale-Universität, im Geleit eines eingeborenen Führers zum erstenmal die steil aufstrebenden Granitwände hinanklomm und auf der Gipfelhöhe mit stockendem Atem dem noch vom Dschungel überwucherten Rätseln der Vorzeit gegenüberstand.

Auf sonnennahem Felsplateau erheben sich die Mauerreste und Fundamente einer weltverlorenen Stadt aus weißem Granit mit dem verfallenen Prunk von Palästen, Tempeln, Türmen, Wohnvierteln, Brunnen und Friedhöfen. Eine fünf Meter hohe Mauer aus Granitgestein, zwei Meter dick gefügt, umgibt den geheimnisvollen Felsensitz, aufgebaut auf vielen übereinander geschichteten Terrassen, die alle durch schmale Fluchten steiler Treppen und Stufen verbunden sind. Insgesamt 109 Treppen mit mehr als 3000 verwitterten, ausgetretenen und dennoch festgefügten Stufen, viele direkt aus dem Fels geschlagen.

Niemand weiß, wer diese Stadt der schweigenden Rätsel erbaut, wer sie bewohnt hat und warum sie verlassen wurde. War dies der letzte Zufluchtsort der geschlagenen Inkakönige und ihres Volkes vor den weißen Eindringlingen, war es der geheime Ur- und Stammsitz der ersten heiligen Inka-Vorfahren, die von dieser Bergkuppe auszogen, ein Weltreich zu gründen? — Niemand weiß es.

88 Wie ein ferner Wachtturm überragen die steilen Felsenterrassen des Wayna Picchu den Heiligen Platz von Machu Picchu. Der große Tempel aus weißem Granitstein war einst Zentrum feierlicher Opfer und Zeremonien bei den religiösen Sonnenfesten.

89 *Farbbild:* Die »Vorstadt des Himmels« in der mythischen Andenwelt: Machu Picchu.

Eine der zahllosen Steintreppen, die in vielen Fluchten von glattkantigen Stufen die hochgestaffelten Terrassen und Straßen der heiligen Stadt verbinden, führt zum »Palast der Prinzessinnen« hinauf. In strenger Abgeschiedenheit lebten sie in diesem einzigen zweistöckigen Gebäude von Machu Picchu, beschützt vom runden »Turm der Krieger«.

91 Nahe dem Großen Tempel erhebt sich, aus mächtigen behauenen Granitblöcken gefügt, vor dem ragenden Wall der Andenkette der geheimnisumwitterte Bau, den man den »Tempel der drei Fenster« nennt. Die glatten Steinblöcke bilden drei weite trapezförmige Öffnungen, überdeckt von je einem einzigen, flachen Schwellenblock. Um dieses Mauerwerk raunen die Legenden vergangener Zeiten. Sind dies die »Fenster des Palastes« gewesen, aus dem die sagenhaften »Ayar-Brüder« sich zum Flug über die Länder hoben, um das Reich der vier Himmelsrichtungen zu gründen, das Inka-Reich?

92 *Farbbild:* Binsenboote der Urus auf dem 4000 Meter hoch gelegenen Titicacasee.

Eine horizontweite, schimmernd blaue Seenfläche in der glasklaren Luft und tiefen Stille des Hochlandes, ein Meer fast 4000 Meter über dem Spiegel des Pazifik, so ruht der höchste schiffbare See der Erde, der *Titicacasee,* die Wiege der Indiosagen, inmitten bergiger Ufer.

Wenn am frühen Morgen die Sonne über die Bergkuppen steigt, scheint sich der See in ein Meer flüssigen Goldes zu verwandeln, in dem dunkel zwei in Strahlenglanz getauchte Inseln sich abheben: Die sagenhaften Inkainseln der Sonne und des Mondes. Auf der »Insel der Sonne«, die zuerst vom Morgenlicht getroffen wird, erhob sich einst der goldene Sonnentempel, auf der »Insel des Mondes« lagen der prunkvolle Tempel der Mond-Mutter und der Palast der Priester-Jungfrauen.

Von diesen Inseln im Titicacasee, in dem die Erde sich dem Himmel zu öffnen scheint, entsandte einst der Sonnengott zwei seiner Kinder mit einem goldenen Stab, um das Inkareich zu gründen. Noch heute raunt die Sage, daß in der Tiefe des Sees, der im Geiste der Indios noch immer in heiliger Verehrung steht und Ziel christlich-heidnischer Pilgerfahrten ist, die Schätze des versunkenen Inkareichs und seiner Könige ruhen. Wirklich sind unlängst — wie eine Fata Morgana schattenhaft sich abhebend — in der Tiefe des klaren Wassers die Ruinen einer versunkenen Stadt sichtbar geworden: Ein indianisches Vineta, voller Geheimnisse, die an die alten Sagen gemahnen.

Heute durchstreifen — wie vor Jahrtausenden — die Urus, deren Ahnen schon vor den Inkas im Lande lebten, mit ihren federleichten, aus Binsen geflochtenen Booten oder auf Balsaflößen den Heiligen See.

93 Aus Binsen geflochten sind auch die schwimmenden Inseln, deren schwankender Boden mitten im Titicacasee die primitiven Hütten der Urus aus Binsengeflecht trägt. Hier brechen die Kinder die Halme und saugen aus ihnen das weiche, schmackhafte Mark.

94 *Farbbild:* Auf dem Kalvarienberg hoch über dem Titicacasee: Betende Indiogruppen.

Mitten in den Zentralanden gelegen, in deren Gesteinsmassiven die Kordilleren ihre reichsten Schätze an Metallen und wertvollen Mineralien gespeichert haben, ist *Bolivien* das Land der höchsten bewohnten Ebenen der Welt mit der höchsten Hauptstadt der Erde, La Paz, 4000 Meter über dem Meeresspiegel. Die winddurchbrauste Hochebene, der »Altiplano«, war seit urdenklichen Zeiten Sitz und Wiege von Kulturen und die Bühne großer Völkerschicksale.

Hier liegen nahe dem Titicacasee die Ruinen der Vorzeitkultur von Tiahuanaco, gigantische Monolith-Bauten, Hochsitze, Tempelmauern und das geheimnisvolle »Sonnentor« mit den Runenzeichen. Welche unbekannten Völker haben diese Bauten errichtet, wie haben sie die Riesenblöcke über gewaltige Strecken befördert und sie fugenlos aufeinandergesetzt? Welche unbekannten Katastrophen haben sie zu welchen unbekannten Zeiten in Schutt und Trümmer sinken lassen, so daß heute nur noch das weltberühmte Sonnentor — einsam im Trümmerfeld stehend — von dieser wie Staub verwehten Kultur kündet?

Jahrhundertelang aber war diese Landschaft des Altiplano auch das Kernland der Inkas, gehörten die Ketschua- und die Aimará-Indios zu den bedeutendsten Eingeborenenstämmen des Reiches. Ihre Nachkommen leben noch heute hier und waren ebenso, wie sie den Untergang der Tiahuanaco-Kultur und den Zusammenbruch des Inka-Reiches sahen, auch Zeugen des Silberrausches in Bolivien, als 1545 der »Cerro Rico« (Der reiche Berg) entdeckt worden war, ein Bergkegel ganz aus Silber. Über Nacht wurde Bolivien zum größten Anziehungspunkt des spanischen Kolonialreichs, wuchs Potosí, die Stadt am Fuße des Silberberges, zu einer Metropole von Weltrang.

95 Eine karge baumlose Ebene — mit dürrem Strauch- und Steppengras dürftig bewachsen und manchmal von glitzernden Flächen ausgedünsteten Salzes unterbrochen: So erstreckt sich der Altiplano, eines der höchsten noch von Menschen besiedelten Gebiete der Erde, über Meilen und Abermeilen bolivianischen Landes. In oft schnurgerader Trasse durchschneidet hier die Panamericana das Hochplateau in 4000 Meter Höhe.

96 *Farbbild:* Durch verwitterte Bergkuppen und über gähnende Abgründe in Bolivien.

Eine schattenlose Geröllhalde, von Stürmen umheult, markiert den höchsten Punkt, den die Panamericana von Polarkreis zu Polarkreis quer durch den amerikanischen Kontinent erreicht: Die Höhe von Toroya, 4693 Meter über dem Meeresspiegel. Mühsam ringt hier der Körper nach Sauerstoff — ebenso mühsam wie der Motor, dessen Leistung in dieser dünnen Höhenluft fast um die Hälfte abfällt. Verlief die Panamericana in Bolivien auf dem Dach der Welt, so hat sie auf dem Höhengrat von Toroya den gigantischen Dachfirst erklommen, den die Natur darübergesetzt hat.

98 Sicherer — wenn auch nicht bequemer — ist der Weg zur höchsten Stadt Boliviens über die Eisenbahnschienen. Ein alter Buick wurde zum Autocarril umgebaut und rollt von der Hauptstadt La Paz über die Station Poopó mit ihrem gleichnamigen Salzsee zu der 4300 Meter hoch gelegenen, einstmals berühmten Silberstadt Potosí.

99 *Farbbild:* Das Lama ist der treueste Gefährte der Indios in der hohen Andenwelt.

In 4300 Meter Höhe schwenkt die Kamera über die Dächer der Silberstadt Potosí, die vor 300 Jahren im Brennpunkt der Geschichte stand. Aus ganz Europa strömten einst Abenteurer und Glücksritter hierher zusammen — 120000 Menschen, die sich fiebernd und gierig in die Flanken des »Cerro Rico«, des »Reichen Berges«, eingruben. Denn der Berg barg Millionenschätze, eine Flut von Silber. Über 50000 Tonnen. Welche Stadt ist je dramatischer aus dem Nichts zu strahlendem Glanz und weltbeherrschender Macht erblüht und so rasch wieder zum Nichts eines armen Hochlandfleckens gewelkt? Nur noch vereinzelt flackern heute in den Schlünden des Silberberges die von Indios geschürten Feuer, um die letzten Tropfen aus dem Bergesinnern zu schmelzen. 100

101 Die Glocken von Potosí sind nicht mehr aus Silber gegossen, der Traum von Glanz und Größe ist verweht wie der Glockenklang, der heute noch über diesen Dächern der Stadt bis hin zum makellosen Kegel des einst so unerschöpflichen Silberberges hallt.

102 *Farbbild:* An der chilenischen Küste erreicht die Panamericana wieder den Pazifik.

Eine wildzerrissene und zerklüftete Küstenlinie von über 3000 Kilometer Länge, übersät mit dem Gesteinsschutt zerborstener Felsentrümmer, eine Wüste, in der die Erde in eine Mondlandschaft verwandelt zu sein scheint, gewaltige Vulkane, die noch immer Feuer, Lava und heiße Aschenwolken aus dem glühenden Erdinnern schleudern! Was kann ein solches Land bieten, um den Menschen dennoch anzulocken?

Vieles — wenn es sich von den subtropischen Klimahöhen des Südlichen Wendekreises bis an den äußersten Süden Feuerlands erstreckt wie *Chile!* So reift im warmen Norden dieses schmalsten und längsten Küstenlandes der Erde der ganze Früchtekorb der subtropischen Breiten. In seinem milden Zentralland lockt es mit Weinernten erlesenen Wachstums und Geblüts, die mit denen des Rheinlands wetteifern. Und was immer die Länder und Klimazonen dieser Erde an Blumen und Früchten hervorbringen, es wäre ein Wunder, wenn Chile sie nicht auch in irgendeinem Winkel seines Landes bieten könnte.

Doch die Hochkordillere der Anden engt die landwirtschaftliche Nutzung auf ein Viertel der Bodenfläche ein. Aber gerade diese Felsengebirge und die trostlose Salpeterwüste um Antofagasta sind die Quellen des wirtschaftlichen Wohlstands Chiles. Noch heute bezieht die Welt den Salpeter — soweit sie ihn nicht synthetisch gewinnt —, die Nitrate für die chemische Industrie und Landwirtschaft aus Chile. Noch immer liegen die reichen Kupfervorkommen in Chile zum Teil so offen zutage, daß sie im Tagebau in Riesengruben von kilometerweiter Ausdehnung abgebaut werden können.

Tiefer im Süden des rührigen Landes aber, das den Konquistadoren niemals Anreiz bot, breitet sich im milden Klima der gemäßigten Zonen über Täler und Höhen einer fast alpinen Bergwelt ein Wald- und Seengebiet von romantischer Schönheit aus.

103 Allen Kräften der Natur preisgegeben liegen hier die zu Fels verhärteten Ablagerungen, Schicht für Schicht, wie sie sich in Jahrmillionen übereinander häuften. Wind und Brandung unterwaschen den Fels mit Höhlungen und Tordurchbrüchen.

104 *Farbbild:* Wie Bastionen stemmen sich die Felsmassive gegen die Naturgewalten.

Abseits der Panamericana kann der Übergang von Chile nach Argentinien auch auf dem Wasserwege erfolgen, von Osorno durch die chilenische Seenkette nach Bariloche in Argentinien. Das Fährboot durchschneidet weite, in hellem Blau strahlende Seenflächen in schattigen Kordillerentälern. Riesige Waldreviere ziehen sich an den Hängen zwischen den Seen, Strömen und Wildbächen hin. Und doch lassen am Horizont die rauchenden Krater mächtiger, noch tätiger Vulkane die dunklen Gewalten ahnen, die schon so viel entsetzliches Unheil über das Land und seine Menschen gebracht haben.

106 Weitausladend beschatten die mächtigen Wipfel der Araukarienbäume im Bereich der waldigen Gebirgstäler an der chilenisch-argentinischen Grenze die Fahrbahn. Doch auch hier ist das Land von den Gewalten der Tiefe noch immer bedroht. Viele Berggipfel, die bis in die Zone des ewigen Schnees aufsteigen, sind schlummernde Vulkane.

107 *Farbbild:* Die blaue Seenkette von Nahuel-Huapi, dem argentinischen Nationalpark.

Zwei Riesen schlummern in Südamerika, Brasilien der eine, Argentinien der andere. Der schlummernde Riese *Argentinien* ist das zweitgrößte Land Südamerikas, das achtgrößte Land der Erde.

Ein überschäumend kraftvolles, reiches, aber noch immer leeres Land: Nur 20 Millionen Einwohner, 20 auf dem Quadratkilometer. Über ein Viertel von ihnen, 5 Millionen, drängen sich in der größten Metropole Südamerikas, Buenos Aires, zusammen.

Doch das wahre Gesicht des Landes bestimmt die unendliche Weite der Pampa, die dem Land den Reichtum schenkt und der Hauptstadt ihren Glanz verleiht. Und es wird gezeichnet durch seine großartige Natur: Die hohen Gipfel der Kordilleren, deren Grate an Argentiniens Westgrenze liegen, unter ihnen der Aconcagua, höchster Berg Südamerikas. Die schönsten Wasserfälle der Welt, die Iguassú-Fälle auf der Grenze zwischen Argentinien und Brasilien, an denen sich im Schatten mächtiger Urwaldbäume gewaltigere Wassermassen aus höheren Felsenstufen in die Tiefe stürzen als an den Niagarafällen. Die Weingärten von Mendoza gehören dazu, die Zuckerrohrfelder von Tucumán und die Seen und Wälder der »Argentinischen Schweiz« um Bariloche an der Grenze Chiles, oder die sturmdurchtobten Ebenen und Berge Patagoniens, Weideland unübersehbarer Schafherden mit der südlichsten Stadt der Welt, Ushuaia, Absprunghafen für Wissenschaftler aus aller Welt zu ihren Stützpunkten in der Antarktis.

Die Spanier und Portugiesen, die im Zeitalter der Entdeckungen Argentiniens Küsten sichteten, fanden weder Gold noch Silber noch prunkvolle Städte oder Tempelpyramiden. Auch ihre Landsleute, die abgesplittert von der Heerschar der Konquistadoren bereits von Bolivien und Chile her über die Anden in das Flachland hinabdrängten, fanden keine Schätze mehr, nur Land — weites, fruchtbares Land.

So wurde von beiden Seiten her, vom Atlantik und vom Pazifik, Argentinien erobert und erschlossen, mit Städten besiedelt und mit Menschen europäischer Abstammung bevölkert. Sie verwandelten — echte Siedler und Wegbereiter — die wilde Pampa in Ackerland und Viehweide für Herden von Hunderttausenden Stück Rindern, Schafen und Pferden.

108 Die schroffe Felsenwildnis der Kordilleren türmt sich noch einmal auf zu einem gewaltigen Massiv der Steilwände und Abgründe, bevor die Panamericana das Gebirgsrückgrat des südamerikanischen Kontinents am schmalen Tor nach dem östlichen Argentinien durchstößt. Dennoch haben schon die Inkas an dieser menschenfeindlichen Paßhöhe die schier unüberwindliche Zyklopenmauer eines der mächtigsten Hochgebirge der Erde bezwungen und den Weg in die atlantischen Niederungen gefunden.

109 *Farbbild:* Ein Land von unabsehbarer Weite: Die Pampa, das »Herz Argentiniens«.

Schnurgerade führt die Panamericana durch die endlose Pampa, die Heimat des Gauchos, des argentinischen Rinderhirten vom gleichen Schlage unerschrockener harter Männer wie die Cowboys Nordamerikas, Hüter und Herr über weitverstreute Herden von Tausenden und aber Tausenden Rindern und Schafen. Sein Sitz ist der Sattel, sein Bett ist die Erde, sein Herd ist das Lagerfeuer. Und der freie Himmel über ihm ist das Dach, unter dem er noch heute sein rauhes Leben in unbändiger Freiheit führt. 110

111 Keins der weltberühmten argentinischen Reiterspiele ist schneller und wilder als Pato, Basketball zu Pferde, die rasante Jagd nach dem Ball. Mit ausgestrecktem Arm muß der Reiter den Ball mit seinen Haltegriffen im jagenden Ritt weit von sich halten. Jeder der vier gegnerischen Reiter kann ihn packen und um ihn ringen. Es gilt, den Ball an sich zu reißen und ihn in das gegnerische Korbnetz zu werfen. Dieses draufgängerische Spiel ist so hart, daß alle fünf Minuten die Pferde ausgewechselt werden.

112 *Farbbild:* In dem Luxusbad Mar del Plata ist der Schatten teurer als die Sonne!

HB CERVEZA

MUEBLERIA

Buenos Aires, eine der blutvollsten Weltstädte, wo die reinen Lüfte der Pampa klar und trocken über die Weite der Mündung des La-Plata-Flusses streichen. Die breiteste Straße der Welt, die »Straße des 9. Juli«, teilt das Häusermeer der Fünf-Millionen-Stadt in zwei gleiche, von Leben pulsierende Hälften. Hier legten, von den »Guten Winden« (»Buenos Aires«) des Passats herangeführt, in dem vergangenen Jahrhundert die Flotten der Dreimastsegler und ersten Dampfschiffe an und brachten den Strom der Einwanderer aus aller Welt an Land, der Buenos Aires in wenigen Jahrzehnten zur weltoffenen und größten Metropole von ganz Südamerika gemacht hat.

114 Es war ein dunstiger Januarmorgen des Jahres 1520, als die Karavelle des portugiesischen Weltumseglers Magelhães auf der Suche nach der Durchfahrt zum zweiten Weltmeer, dem Stillen Ozean, in die meeresähnliche Mündungsbucht des La-Plata-Flusses einfuhr. »Monte video« (»Einen Berg sehe ich«), rief ein Matrose, als er in der nebligen, flachen Weite die verschwommenen Umrisse eines Berges erkannte. Damit hatte die neugegründete Stadt gegenüber Buenos Aires am anderen Ufer des La Plata ihren Namen: Montevideo — Hauptstadt von Uruguay, dem kleinsten Land Südamerikas.

115 *Farbbild:* Auf der Spitze des Berges, der Montevideo seinen Namen gab: Die Zitadelle.

Die rostigen Rohre plumper Kanonen ragen von den Wällen der Zitadelle hoch über Montevideo in das Land *Uruguay*. Aber die Festungsanlagen sind heute eingebettet in Gärten und Parks; auf den Kanonenrohren reiten spielende Kinder. Das Land, das sie einst schützen sollten, ist heute eine ländliche Idylle friedlichen Ackerbaus und großer Viehweiden geworden.

Ein liebliches Land mit seiner blühenden Hauptstadt Montevideo, die als viertgrößte Stadt des Kontinents — im Wettstreit mit dem breit am gegenüberliegenden Ufer der La Plata-Bucht aufgebauten Buenos Aires — einen Zug südlichen Temperaments und Pariser Leichtigkeit gewonnen hat.

Weithin ziehen sich die fruchtbaren Felder des flachen Hügellandes. Ein grünes Meer von Wiesen, aus dem vereinzelt die dunklen Wipfeltürme von Eukalyptus- und Pinienhainen ragen, so dehnt sich das Weideland, vier Fünftel des gesamten Bodens, über die Horizonte.

Unübersehbare Herden an Rindern und Schafen, einst eingeführt von den ersten Siedlern, heute gezüchtet und gehütet in Großfarmen von der Ausdehnung ganzer Provinzen, aber auch auf Mustergütern zahlreicher Kleinfarmer, sind das Rückgrat der Wirtschaft und die Quelle des Reichtums Uruguays.

Und weithin wie die Weiden dehnt sich die Küste von Uruguay, die Hälfte seiner Grenzlinie, zum Atlantik und zur La Plata-Bucht hin, mit breiten, palmenüberschatteten Sandstränden! Das ist die Riviera Südamerikas mit Luxusbadeorten wie Punta del Este oder Piriapolis, die Gäste aus aller Welt an die Küste Uruguays lockt!

116 Die üppigen Blattwedel breit gefächerter Palmenwipfel umsäumen wie eine Ehrengarde der schwelgerischen Natur die Panamericana auf ihrem Wege von dem kleinsten nach dem größten Staat Südamerikas, von Uruguay bis an die Grenzen von Brasilien.

117 *Farbbild:* Araukarienwälder auf roter Erde: Der Beginn der Straße in Brasilien.

Dieses dichtbewaldete Land Brasilien wurde um 1500 von den Portugiesen entdeckt, die als erstes Landesprodukt Brasilholz, das wie Kohle glüht, nach Europa brachten. In der roten Erde ihrer neuen Kolonie fanden sie unermeßliche Schätze: Smaragde, Aquamarine und andere kostbare Edelsteine, Mineralien und Edelhölzer aller Art. In dem tropischen Klima wuchsen üppige Kaffeesträucher; wertvoller Saft floß aus ungezählten Kautschukbäumen. Es war der Eintritt in ein Land, so unermeßlich groß, so reich an ungehobenen Schätzen, so voller Schönheit und so geheimnisvoll im Inneren.

Noch heute haftet dem Namen des größten südamerikanischen Staates noch immer etwas vom Hauch des großen Abenteuers an, spürt man bei diesem Wort etwas vom Anreiz zur Entdeckung einer neuen, unbekannten Welt. In den Jahrhunderten, die seit der Landung des ersten Europäers an der brasilianischen Küste vergangen sind, hat das Land eine Entwicklung erfahren, die von einer portugiesischen, in ihrem weiten Hinterland noch unerschlossenen Kolonie über ein Königreich und das selbständige Kaiserreich Brasilien bis zum heutigen modernen Bundesstaat führt.

In den kolonialen Anfängen des Landes war Holz das Ausfuhrprodukt, es wurde abgelöst vom Kautschuk und Zuckerrohr, und seit den letzten Jahrzehnten ist Kaffee der Hauptexportartikel und die wichtigste Einnahmequelle des Landes.

In diesem viertgrößten Land der Welt (nach Rußland, China und Kanada) leben heute etwa 80 Millionen Menschen. Wäre Brasilien so dicht bevölkert wie Europa, so müßte es einer Milliarde Menschen Raum und Leben gewähren.

Brasilien hat also noch eine ungeheuere Weite des Raumes zur Verfügung, es besitzt eine riesige Menge ungehobener Bodenschätze, ungenutzter Wasserkraft und den Holzreichtum einer Waldfläche von 350 Millionen Hektar. Dieses unermeßlichen Reichtums ist sich Brasilien erst im Verlaufe der letzten Jahrzehnte bewußt geworden.

Es hat seinen Vormarsch in das Innere seines großen Landes angetreten, um die Reichtümer seiner Erde zu erschließen.

118 Dort, wo der Wald sich lichtet, recken sich die gespaltenen Felsenwände einer von der Natur geformten Stadt, Vilha Velha, mit ihren in Jahrmillionen von Stürmen und Wettern ausgewaschenen Riesenkelchen und urwelthaften Steinkolossen. Nach den Sagen und Märchen der Indios ist Vilha Velha eine verwunschene Stätte, in der in grauer Vorzeit die Weltenuhr plötzlich stehenblieb und alles Lebendige versteinern ließ.

119 *Farbbild:* Die riesigen Wassermassen der Iguassú-Fälle stürzen tosend in die Tiefe.

120—122 Von allen Wasserfällen der Erde sind keine so überwältigend wie die Iguassú-Fälle im Grenzland zwischen Brasilien, Argentinien und Paraguay. In dem gewaltigen Tosen scheint sich die Geburt von Urwelten zu künden, verhüllt hinter dichten Schleiern stiebenden Wassergewölks und eingebettet in das tiefe Dunkel tropischer Urwälder.

123 *Farbbild:* Segnend breitet Christus seine Hände über die Stadt Rio de Janeiro aus.

In der Nacht zum 1. Januar 1502 steuerte der portugiesische Seefahrer Gonçalves ein Segelschiff, das zu einer portugiesischen Flotte unter dem Oberbefehl des italienischen Kapitäns Amerigo Vespucci gehörte, an einem steilen Felsen vorbei in eine weit sich öffnende, von Felsen umfaßte Bucht. Er glaubte sich in der breiten Mündung eines tropischen Stroms zu befinden und gab ihm den Namen »Rio de Janeiro« — (Fluß des Januar). Mehr als 50 Jahre später entstand an dieser Stelle die Stadt Rio de Janeiro. die heute von ihren Einwohnern, den »Cariocas« »Cidade Maravilhosa« (Die wunderbare Stadt) genannt wird.

Wie von der Natur selbst gelenkt, ist Rio de Janeiro vom Morro de Castello hineingewachsen in die dramatische Szenerie der Urlandschaft aus hochgewölbtem Granitstein und wucherndem Dschungel und hat Besitz ergriffen von Strandbogen und Talschluchten. Doch zwischen dem Weltbadestrand unter Palmen in Copacabana und dem Häusergewimmel mit den flutenden Verkehrsströmen der City durchbrechen nun riesige Bergbuckel und Felsengrate das Weichbild der Stadt.

Wenn Rio de Janeiro heute nicht mehr Hauptstadt des Landes ist, so ist sie mit ihren drei Millionen Einwohnern noch immer der größte Hafenplatz und das geistige und wirtschaftliche Zentrum Brasiliens. Der »Carioca« glaubt, daß es so bleiben wird, solange die breite Prunkallee des Rio Branco sich, von Platanen überschattet, durch das Häusermeer zieht und die ungestüme Lebenslust der »Cariocas», des wohl buntesten Rassengemisches einer Großstadtbevölkerung, durch Rios Straßen pulst und auf dem Höhepunkt des Jahres in einem Vulkanausbruch an Klang- und Farbenrausch das prächtigste aller südamerikanischen Feste entfesselt: Den Karneval in Rio!

124 Einer der großen Höhepunkte auf der Panamericana ist Rio de Janeiro, die »schönste Stadt der Welt«, zwischen dem Wipfelmeer immergrüner Tropenwälder, dem Blau weitgeschwungener Meeresbuchten und dem Granitbraun urwüchsiger Felsenkuppeln, in eine Landschaft gebettet, die in einer Sternstunde der Schöpfung geboren wurde.

125 *Farbbild:* Die Bucht der Copacabana, der berühmteste Stadtteil von Rio de Janeiro.

Überragt von einer der berühmtesten Felsengestalten der Erde, dem Zuckerhut, der steil und spitzkeglig 400 Meter hoch aus dem Wasser aufsteigt, schmiegt sich Rio de Janeiro um den weitgeschwungenen Küstensaum der inselreichen Guanabara-Bucht. In 400 Jahren einer wechselvollen Geschichte ist Rio aus den Tagen der Konquistadoren über die Zeiten der portugiesischen Gouverneure, Prinzregenten und brasilianischen Kaiserherrlichkeit zur reichen und stolzen Metropole erblüht. In elementarem Wachstumsdrang hat sich das Häusermeer der temperamentvollsten aller südamerikanischen Großstädte zwischen den Fesseln der steilen Granitfelsen und des wuchernden tropischen Urwalds über Täler und Höhen gebreitet, hohe Felsenrücken erklommen und die weitgeschwungenen Küsten bis an den weißen Sandstreifen des Strandes erobert.

127 Ein urtümlicher Felsensockel, der »Cavea Rock«, dessen verwitterte Flanken wie der Rücken eines Fabeltieres aus dem feuchtheißen Dschungelgrün des Urwaldgürtels ragen, steht als natürlicher Wachtturm am Ausgang von Rio de Janeiro. Hier löst sich die Panamericana aus dem Straßennetz und wendet sich, nachdem sie bisher Tausende von Kilometern der atlantischen Küste folgte, zum erstenmal tief ins Landesinnere.

128 *Farbbild:* »Der Finger Gottes« im Orgelgebirge steht am Anfang der neuen Straße.

SMU 500

Das »Westward, ho!«, das im vergangenen Jahrhundert in Nordamerika den Fieberrausch der stürmischen Massenwanderung auslöste, den Prärien und den Goldfeldern des »Wilden« und doch so »Goldenen« Westens zu, erklang in Brasilien erst vor einigen Jahrzehnten. Doch nur wenige folgten ihm. Weder die Edelsteinschätze der Felsenwildnis von Minas Gerais — die meerblauen Aquamarine, die goldbraunen Topase oder die schillernden Turmaline — noch der Holz- und Fischreichtum der Urwälder und ihrer großen Ströme vermochten das bunte Völkergemisch Brasiliens vom gesegneten, fruchtbaren, im weltweiten Handel erblühenden Küstensaum ins Innere zu locken. Erst als entschlossene Planung die neue Hauptstadt Brasilia, »die Stadt aus der Retorte«, im Landesinneren erstehen ließ, wurden moderne Straßen tief ins Land getrieben, dessen Wildheit, Schönheit und Weite dem Volke jetzt erst bewußt wurde.

130 In schwindelnder Höhe überwindet diese Brücke auf dem Wege von Rio de Janeiro nach der über 1000 km entfernt liegenden neuen Hauptstadt Brasilia die Breite eines der vielen Felsentäler. Oft nicht allein aus Phantasie und Erfindungsgeist des Ingenieurs, sondern aus dem Zwang der Not der gestellten Aufgaben geboren, sind diese Brücken von kühn futuristischem Bau bereits die Vorzeichen jener Stadt der Zukunft, die zum Sinnbild des Aufbruchs nach dem Inneren Brasiliens geworden ist: Brasilia.

131 *Farbbild:* Mittelpunkt der neu erstandenen Hauptstadt: »Der Platz der drei Gewalten.«

Eine Hauptstadt mitten im Herzen des Riesenreichs, deren Glanz dem Volke von Brasilien den Weg zu Wohlstand, Freiheit und Größe weisen soll, das war der nationale Traum aller Staatsmänner und großen Söhne des Landes, nachdem Brasilien seine Unabhängigkeit von Portugal errungen hatte. Schon seit über hundert Jahren bestand der Plan, durch den Bau einer neuen Hauptstadt das Land von der Mitte her zu öffnen und dadurch seine Naturschätze zu erschließen, die noch immer unerreichbar in fernen unzugänglichen Steppen und Gebirgen und in den Dschungeln der riesigen Stromgebiete des Amazonasbeckens verborgen liegen.

Dieser Plan wurde indessen erst 1956 bis 1960 — also im Zeitraum von nur vier Jahren — durch den Bau der neuen Hauptstadt *Brasilia* Wirklichkeit. Es war ein Plan, der alles übertraf, was bis dahin an künstlicher Städteplanung gewagt worden war. Und es schien, als hätten sich die Kräfte jahrhundertealter Wünsche und Sehnsüchte eines ganzen Volkes magisch verdichtet und in fast übernatürlicher Vollkommenheit alles Gestalt annehmen lassen, was bisher nur visionäres Bild und reine Schöpfung des Geistes war: Tatsächlich »mitten im Herzen« von Brasilien liegt die Provinz Goiás, und »mitten im Herzen« dieser Provinz liegt unter subtropischer Sonne und doch im gemäßigten Klima auf 1100 Meter Höhe die Hochebene von so idealer Lage und Gestalt, als sei sie eigens für diese Stadt der Verheißung geschaffen worden.

Als wiederum Form und Grundriß der Stadt im Wettstreit berühmter Architekten gesucht wurden, war es wie eine Fügung, daß ein alter, bescheidener, fast schon vergessener brasilianischer Architekt, der »nicht einmal ein Architekturbüro hatte«, José da Costa, mit ein paar Blatt Zeichenpapier, Bleistift und Radiergummi den genialen Entwurf gefunden hatte, der alles, was sonst an kostspieligen Modellen, Reliefs und Plänen eingereicht wurde, versinken ließ. »Er hat das Kreuz des Südens auf der roten Erde Brasiliens nachgezeichnet.«

132 Der brasilianische Architekt Oscar Niemeyer schuf im Regierungsviertel Monumentalbauten von großartigem Schwung. Die Säulen des Regierungspalastes und die hochragenden Doppeltürme des Parlaments sind die Wahrzeichen der neuen Hauptstadt.

133 *Farbbild:* »Palacio d'Alvorado« (Palast der Morgenröte), Residenz des Präsidenten.

Architektonische Meisterschaft hat die Regierungsbauten Brasiliens in das kühle Hochplateau von Goiás, in die Landschaft der weiten Horizonte, hineinkomponiert. In den gläsernen Wänden und geschliffenen Marmorböden des Palacio d'Alvorado spiegeln sich Himmel, Wolken, Palmenhaine und die steinernen weißen Säulensegel wider. 134

135 Die Privatkapelle des Präsidenten neben dem Palacio d'Alvorado, gekrönt vom Kreuz, unter dem Brasilia steht. Wie ein Kreuzzug unter Kämpfen und Leiden vollzieht sich die zögernde Wanderung des brasilianischen Volkes dem neuen Zentrum seiner Heimat entgegen, das einmal das Herz des Riesenreiches zwischen Meeresküste und Urwalddschungel werden soll. Das Kreuz ist aber auch der Grundriß der ständig wachsenden Stadt auf der roten Erde, die mitten in der Wildnis errichtet wurde, das Land der riesigen Ströme zu öffnen und in das größte Urwaldgebiet der Erde vorzustoßen.

136 *Farbbild:* In Brasilia hat das Volk von Brasilien die Signale seiner Zukunft aufgepflanzt.